童眞著

童真自選集之一

離家的女孩

文史哲出版社印行

國家圖書館出版品預行編目資料

離家的女孩 / 童真著. -- 初版. -- 臺北市：文史哲, 民 94
頁： 公分. --（童真自選集；1）
ISBN 957-549-631-0 (全七冊平裝) -- ISBN 957-549-632-9(平裝)

857.7

童真自選集 1

離家的女孩

著　者：童　真
出版者：文史哲出版社
http://www.lapen.com.tw
登記證字號：行政院新聞局版臺業字五三三七號
發行人：彭正雄
發行所：文史哲出版社
印刷者：文史哲出版社
臺北市羅斯福路一段七十二巷四號
郵政劃撥帳號：一六一八〇一七五
電話886-2-23511028・傳真886-2-23965656
實價新臺幣三〇〇元
中華民國九十四年（2005）十一月初版

ISBN 957-549-632-9

一九九三年冬，是陳森和我的美國過的第一個冬天，外面大雪紛紛，室內爐火熊熊。

一九九六年盛夏，童眞剛過六十八歲生日，在美國新澤西州自宅後院留影。

一九五五年冬（民國四十四年）初春，童眞獲香港祖國周刊短篇小說徵文李白金像獎。合影留念。

一九六一年童眞與她的四個稚齡兒女留影於高雄橋頭。

一九八三年攝於台中亞哥花園。

一九八七年初冬，童眞與夫婿陳森初訪紐約，在世貿大廈最高層留影。現世貿雙塔已毀，背景已不能再得。

約在一九六〇年新春，童眞、陳森與姜貴及司馬中原夫婦在高雄橋頭糖廠宿舍區合影。

一九六四年初春，右起張秀亞、童眞、聶本岑、陳曉薔在大度山東海大學校園內合影。

陳森、童眞、公孫嬿艾雯、朱介凡夫婦、依風露夫婦在台北朱介凡兄住屋前合影。

一九八八年春，童眞與長子、長孫、次子夫婦合影於潭子老宅門前。

一九九六年炎夏八月，童眞與夫婿陳森及四個兒女攝於新澤西州女兒家後院。

一九九八年秋，童眞與么兒一家攝於新澤西州自宅後院。

二〇〇三年初秋，童真與兄、嫂、姊攝於上海。

二〇〇三年秋，童眞與長子在上海魯迅紀念館魯迅銅像前留影。

二〇〇一年秋，合家在新澤州自家客廳合影。

二〇〇三年十月，童眞在上海城隍廟先祖創業的童涵春堂門前，與分別五十六年之久的姐姐合影。

二〇〇四年夏，童眞在美國著名總統山前留影。

二〇〇四年八月童眞與長媳同遊加拿大哥倫比亞冰川。

民國五十六年（一九六七）五月四日，童眞獲文藝協會頒發的文學小說創作獎。爲今，時隔近四十年，老年童眞首次與此獎合影，並把照片收進「自選集」裡，這表示感謝，同時也給自己過去的努力留下一個紀念。

二〇〇五年五月，童眞與么兒一家留影於寓所。

二〇〇五年八月，童眞與長孫及外孫在屋前草坪上合影。

二〇〇三年秋，童真由美返台，與幾十年的老友艾雯聚晤。她家客廳雅致清麗，兩人並肩而坐，彷彿時光倒流，兩人都回到往昔的年輕歲月裡。

二〇〇五年九月，童真由美反台，與老友司馬中原夫婦合攝於台北。

離家的女孩　目次

前言

歲月的飛輪不息地奔馳，在悠邈的時間大漠中激起一串細碎清越的鈴聲；記憶卻總是似風似雲，無聲追趕，輕輕拂撫。多少年了，總是忘不了年輕歲月裡炎夏與寒夜的苦寫，瘦弱的我，內心裡卻澎湃著對小說藝術的欲燃的熱情，恍惚中總切盼著，跨上的是匹千里馬，揮鞭響處，馳騁萬里！然而，卻忽略了自己不過是個跛腿的勇士，在夕照下，只映繪出踽踽獨行的孤影！

近十幾年來，我寄身異國，「漂流」兩字，常灼痛我的雙眼，想起在我小小的小說世界中，出現的，也多是一些在「異鄉」「漂流」的人群，而我自己當然也是其中之一個。正因如此，他們的喜悅與悲痛、堅忍與落寞、尊嚴與憤抑、驕傲與偏見、迷惘與失落……曾深深地滲透了我的心；我塑立了他們，也就是想鐫錄下我曾經貼身生活過的那塊土地、那個時代裡的人物與情景。

我是在一九四七年秋，跟隨外子陳森離開上海，來到台灣，至今已有五十八個年頭。陳森在二零零二年秋以九十高齡在美去世，而當年正青春年華的我，今日也早已成爲一個白髮閃閃的老媼。歲月無情，我們這一代人，正逐漸地，更多地、走入歷史。因之，此時此刻，在我仍健朗未凋之際，緊繫在我心頭的，不是我那些早已成家立業的兒女們，而是我的另類兒女—我的小說兒女們。猶憶他們誕生的當時，也曾贏得過不少的掌聲；而今，我勇敢地再次把他們推陳在讀者之前，讓眾多的目光檢視他們：經歷了三、四十年的風風霜霜，他們到底還留存幾許丰姿！

童　真　寫於新澤西寓所

二零零五年八月

第一章

這幾天來，我已經面對好幾次這樣的訊問了：

「你叫什麼名字？」

「莫之茵。」

「你今年幾歲？」

「二十歲。」

然而，昨夜，我卻只有六歲。昨夜，在夢中，我依然是個留著長髮辮的小女孩。在夢中，許多事物都是那麼鮮明、那麼確鑿，不僅帶著現實生活的各種色彩，我甚至還摸到那縛在辮梢上的金黃絨繩呢：毛茸茸的，是眞正的毛線，不是現在那種流行的開司米龍。我又回到那幢坐落在岡鎮邊緣的小小平房裡了；飽經風雨的魚鱗板，斑駁多罅的門窗，小廚房中兩口大得出奇的磚砌爐灶，客廳中幾把油得發亮的舊籐椅。雖然並不華麗、舒適，卻曾洋溢著家的溫馨。父親，在我六歲時，他是四十歲；夏日穿白府綢的香港衫、灰斜紋的長褲，冬天著茶色的夾克、舊法蘭絨的長褲。縱使馬虎隨便，但是因爲頭上沒有白髮、臉上沒有皺紋，所以仍然顯得年輕而灑脫。父親喜歡坐在籐椅上，雙腿分開，身向後靠。他在那兒休息、看書，有時也在那兒忍受頭痛的折騰。強壯的父親沒有別的什麼病，只是常鬧偏頭痛。那是一種神經性的，對於音響特別敏感的病痛，只消一聲尖叫，有時就如一枚利刺，扎進他的左太陽穴裡，於是，左額角的青筋就頓時怒綻，得得作痛起來。厲害時，臉色灰敗，雙眼昏花，胸口發毛，全身無力地頹倒在籐椅裡呻吟，而且不住地嚷著：「快拿冷毛巾來！」「快倒一杯冷開水來！」「萬金油呢？」「薄荷錠呢？」……………

我們早就熟悉了父親的頭痛，而且知道它多半是我們的尖叫高呼惹起的。我們共有姊妹四人。大姊之荷、三妹之蓉、四妹之菫，我叫之茵。母親是個爽朗的女性，她從不隱藏她對這麼多女兒的嫌煩。當我們在八蓆大的客廳內，互相追逐嬉戲時，她就走到廚房裡去做活，而父親則仍坐著、看著、聽著，然後，有時，偏頭痛就發作了。他很爲他的病久治不癒而苦惱、內疚，但母親卻很爲他的病生氣。家裡有四個女孩已經夠忙、夠亂，再加上他的病，就似火上加油，把家攪成了一團泥漿。她爲他拿來了冷毛巾、冷開水，一邊不免抱怨：

「噯，噯，長勛，你別自找煩惱，好不好？按理說，你吃得下、睡得著、跑得動，什麼病痛都沒有，卻偏要找一樣來害自己。我說哪，如果我們家裡一定要有一個人頭痛的話，那末，這個人應該是我而不是你。你上班八小時，耳靜目清的，我倒是一天到晚沒得安寧，你說說理看！」

父親苦笑著：「你說得對，但這件事卻是沒有理由好說的，我也希望頭痛的是你而不是我啊！」

母親說：「你可以兇一點，狠狠地把她們揍一頓，看她們以後還敢不敢大叫大嚷、亂跑亂跳的！」

父親仍然在苦笑：「你說得對，但我剛回家時，她們還挺聽話的，等我頭痛時，我卻已經沒有力氣去揍她們了。」

母親還是不肯放鬆：「我本來就不想養這麼多的孩子的，都是你的意思，說下一個準是一個男的，一定是個男的。」

「你總是對的。但是那時，你不也同意有個男孩更加理想嗎？只要是個男的，多生一個，又有什麼關係？」

「但每一個都是女的；早知這樣，兩個已經夠了，何必受那麼多的罪！你說說倒輕鬆，我在家裡可比以前我家的老媽子還要苦哩。這兩年來，已經好些了；前幾年，我那一天睡飽過？白天沒得睡，晚上又得起來三、四次。」

「琢如，別再說了；都是我不好。但是不管是男是女，她們既已生下來了，都是我們的寶貝。女孩子們，大起來時，像花一樣，像她們的名字一樣，漂漂亮亮的，有什麼不好？」

「好了，好了；說來說去，還是一句話，你活該頭痛！」母親把一盒萬金油塞到父親的手中。

父親的偏頭痛是從什麼時候開始的，他沒有考據過，我們也沒有查證過。大約是婚後逃來台灣的頭幾年。剛來時，父親三十出頭，母親不過廿四、五歲。除了大女兒之外，他們什麼都沒帶出來。親人在大陸，家產在大陸。抗戰八年，建立起來的希望已然盡付東流，而新的希望卻還未形成。精神上固然苦悶，而一歲的大女兒又患上了台灣熱。南部的夏天長，一年當中有三、四個月，她的體溫都在三十八度左右，小臉蛋非但不像荷花那樣圓胖、嫣紅，倒反似瘦癟的小黃花。臉頰上，鼻涕與眼淚縱橫著。他下班回來，就搬一張凳子到小院子裡坐著，推她的坐車：竹子製的車身，木頭做的輪子，輪子不太圓，推起來，格勒格勒地作響。他坐著，望著天際，想著家人怎麼樣了？家鄉怎麼樣了？他曾飄泊過很多地方，他年輕的腳吻過的長江南北的一大片土地，又怎麼樣了？於是，像患上台灣熱那樣，渾身發燙，左額角也就疼痛起來，而後來卻又變了質，慢慢地成爲聽不得嚷叫和吵鬧。這是我的推想，不過，我知道，大概錯不了。父親跟母親不一樣，他有點內向。他那份深藏的濃郁感情，應該是屬於一個婦人的。他不願把痛苦明顯地表露出來，結果，痛苦就以另一種形式出現了。

不過，父親不頭痛的日子畢竟要比頭痛的日子多得多，所以我們還是玩得很高興。除了大姊被台灣熱損壞了身子以外，我們三個都很結實。有時，他把我們四個組織起來，叫我們種花、澆水、施肥、除草。工作完畢以後，他就給我們講故事。那些故事有的來自「天方夜譚」、「伊索寓言」，有的來自格林或安徒生的童話集，也有的是我不曾見過的祖母說給父親聽的呆女婿和老虎精的故事。在講這兩條平淡無奇的故事時，父親總要嘆息幾聲。那時，我不懂他爲什麼要這樣，直到我漸漸長大，才知道他是在懷念祖母以及他的童年，就像我現在懷念他和我的童年那樣。那時，光靠父親的收入，我們的確過得很拮据，除了大姊喝的是全脂牛奶而外，我們三個吃的都是廉價的脫脂奶粉，穿的也多是舊衣服。毛衣都是媽用手織的；那件蜜蜂牌的金黃毛衣，最先是媽穿的，後來拆了，改織成大姊的毛衣，後來又拆了，改織成我的毛衣，最後不能再拆、再織了，就給四妹當作襯衣穿。以前改織時剩下來的絨線，就用來縛我們的辮梢。我很高興，老覺得它美得不得了。媽每天早上給之蓉編辮子，編得很漂亮，而我的，則總讓爸來編，爸也同樣編得很漂亮。大姊和四妹沒有留髮辮。後來，媽說她太忙了，便把三妹的頭髮剪短了，而我的，在上初中以前，就一直留著。我喜歡留兩條小辮子，我喜歡爸替我編小辮子，而爸呢，他也很喜歡，因爲他從來就高高興興，沒抱怨過。

有時，星期日，我們就全家上街去，爲的是要多買些木瓜或百樂，或者是給誰買木拖板，然後，爸又讓我們四姊妹順著高矮，排成一行，一二三四地走回來。爸說：「我看，這四姊妹大起來，一定又漂亮、又能幹，像媽媽！」

母親說：「啊呀，快別把話說得過火了。我現在當了管家婆，整天只理家務事，還談得上能幹？再說漂亮，之茵的臉，雀斑太多；之蓉的臉，又太圓了。」

父親笑著說：「你不知道嘛，雀斑有它的俏，圓臉也有它的美啊！」

家，漸漸近了，矮矮的竹籬在濃綠中漏出它的銹黃來。我幾乎想衝過去。我們是多麼地愛這個家，雖然那時，這個家並不華麗、並不舒適、並不寬敞，但也並不缺少什麼。

第二章

母親曾說：在冬夜，看月亮最沒意思了，它像冰塊那樣地貼到你的心上來。我喜歡夏日的滿月，叫人有種暖烘烘、鬧猛猛的感覺。

父親卻說：每一個季節的月亮都很美，要是你能夠懷著恬靜的心境去欣賞它！

母親說：那末，如果這兒有雪的話，你最好在雪夜裡去看，坐在雪地上去看，我不相信不把你凍死才怪！

父親笑了：不要說得這麼嚴重好嗎？琢如，婚後，你的幽默感到哪兒去了？

聽父親這麼說，母親在年輕的時候，或許是個妙語如珠的女人，一定是我們的吵鬧聲把她的幽默感淹沒了，要不，就是父親的不夠豐滿的薪水袋把她的幽默感吞噬了。父親和母親的不同是：父親能夠把自己不能實現的年輕時的希望以玩笑的口吻坦白出來；而母親呢，說起來總是那麼咬牙切齒的，惱恨自己將會白活一輩子。一般說來，父親柔順，母親剛強，因此，兩個人的個性雖然迥異，卻也很少爭執。在我們很小很小時，母親曾經憔悴過一陣子；但在最小的之董晚上也不再吵她以後，三十四、五的母親卻又忽然變得年輕而綽約起來。她的臉兒本就勻俊，現在更是豐腴而瑩潤。她的兩眼本就很大，現在更是亮汪汪的。父親看得呆了，就開玩笑似地說：

「啊呀，琢如，看來，你們女人家在家裡到底要舒服多了，用不著應付各種事情，也不會受到各種困擾，不像我們，你看，我要比你老上多少啊！」

母親嚴肅地說：「長勛，我早要跟你說，我也想找個工作做做；現在，孩子們也不再整天纏著我了。」

「為什麼呢？怎麼隨便聊聊，卻又當眞起來了？」

「不是的。這十年來的窮，我受夠了，這點倒不說；眼看四個女兒漸漸長大，以後，她們上初中、上高中、上大學，這筆費用怎麼辦？你要不要她們唸大學？」

「這……」

「我自己雖然只讀過一年大學，但總算也做過一年大學生。照現在這種情形下去，慢說讓她們上大學，恐怕連讀高中，都有問題。」

「這倒不見得。她們小時候，奶粉、醫藥的支出大，就說之荷吧，哪一個月的醫藥費不花掉我四分之一的薪水？」

「但是，以後的學雜費、交通費，甚至補習費，又要多少？你看巷口的沈先生，跟你拿同樣的薪水，卻只養一個兒子，多舒服！有時，我上沈先生家去，帶著之荷，她看到沈家的孩子比她穿得好、吃得好，心裡就感到很自卑。」

「眞是的，自卑幹嗎？人比人，氣死人。琢如，我想你自己總不會感到自卑吧？」

「我即使自卑也沒有什麼好奇怪的。對啦，我比不上人，當然要自卑。我們苦，猶有可說，難道也叫女兒陪著我們受罪？有一天，女兒們考上了大學，如果繳不出學雜費……你想想看，你平日比我考慮週到，但在這件事情上，你怎麼不仔細想一想？」

父親用手按住左額角；他的偏頭痛又發作了。

「你老是偏頭痛；你以爲頭痛了，事情就解決了，怕沒這麼簡單吧。」

父親苦笑著：「我自然清楚。如果頭痛能夠解決問題的話，那不知有多少人要祈求得這種病了。」他掏出那支帶在身上的薄荷錠，在左額角上擦了擦，在右額角上也擦了擦。「琢如，你有意把家庭的經濟狀況改善一下，我十分贊成，只是應該好好地商議、商議。我知道我那根神經太脆弱了，經不起你那咄咄逼人的架勢。對於工作，你是不是已經胸有成竹了？我知道，你口才好，字也寫得漂亮，而且會算帳，論資格的話……」

「別提資格吧，找個把小事總沒問題吧。即使這兒找不到，但別處卻不見得找不到啊。」

「我想還是做小學教員的好。我聽說，鎮上的小學裡還有一個教員的缺，哪倒也不錯；白天，你可以帶著幾個孩子去上學。」

「那不行，我不想當猢猻王，我自己的孩子已經夠我煩心了，我想上大都市去。前幾天，聽巷口沈太太說，她的一個妹妹在台北做事，每月收入挺不錯的。」

「你怎麼老聽人家說這樣、說那樣。台北太遠，太不方便，也太冒險。」

「冒什麼險？我三、四十歲了，你還不放心？」

「最大的困難是，除了這兒，我跟北部的人，根本沒有交往，你要去，你自己去找！」

「我自己的事，當然由我自己設法，你甭操心！」

這樣的爭執，在一個小職員的家庭中，總是難免的，因爲經濟情況的困蹙，最最現實。爲了要平衡收支，一個月裡，我們總有好些日子沒有葷菜。父親戒煙也有好幾年了，而我們，除了生日與節日而外，也很少享有糖果和糕點。只是，我們對於這些，已成爲習慣。當好些口袋裡揣著零用錢的同學在上課時老在盤算下課該去福利社買些什麼來吃時，我總在專心一意地聽老師們的講課。我是多麼渴望母親能到我們小學裡來當老師。父親也這樣想。我還看到有一天父親悄悄地來看我們的校長。那天傍晚，父親臉上的笑意始終不褪。在澆花的當兒，我偷偷地問他：「爸，校長已經答應了？」父親一怔，馬上回說：「之茵，你可別告訴你媽。等過些日子，你媽去台北碰了釘子回來以後，我會跟她說的。」我又說：「爸，如果以後媽剛巧當了我們班上的老師，那該多好！」父親扳起面孔：「別多說，要是給你大姊知道，馬上就說開去了。」

這件事，我們始終沒有機會說出來，因爲媽在台北很快就找到了一個工作，是她表親介紹的，一個保險公司裡的小小的業務員，有一間配給的宿舍，也還有一個昇遷的希望。她回家後的第三天，便要上台北去。傍晚，媽在臥室裡整理行囊，我們四個孩子全圍著她。爸倚著窗邊，四根手指在窗沿上滑來滑去，臉上好像給撒了一層灰塵，暗濛濛的。外面的暮色越來越濃了，一陣一陣地逼近來，逼得他無處可走。他挺挺身子，說話了，說得很用力，彷彿要把全身的力氣都放進去：

「琢如，你再考慮考慮看，把台北的那個工作放棄算了，在這兒找個事情也不會太難。我不爲自己說話，我是爲四個孩子說話；你這一走，她們怎麼辦呢？」

媽一點也不動搖。她看看我們四個，然後把大姊和之蓉拉到她的身邊去。

「這還不簡單？你帶兩個，我帶兩個；這是最公平的分配。之荷明秋就要上初中了，之蓉跟之荷又很少吵嘴，這兩個我帶去，之茵跟之堇歸你帶；很公平吧？」

的確很公平。爸即令有偏頭痛的毛病，即令是個不善理家的男人，也沒有理由反對這樣公平的分配。

但我跟之堇卻嚷了起來：「我們也要去！我們也要去！」邊嚷邊往大姊的身邊擠，媽用手一攔：

「爲什麼？全部跟我去，你們不喜歡爸爸了？」

「我們要爸爸一起去！」

「廢話！」媽有點不高興。「乖一點兒，媽有錢時，會買新衣服給你們的！」媽把衣服放進皮箱裡，砰的一聲，闔上了箱蓋。爸的臉躲在陰影裡，話聲從幽暗處飄出來，彷彿那裡還站著一個陌生人，那聲音不像是他自己的：

「你看，你這麼一走，不是把一個家分成兩半了？兩個孩子沒有了爸爸，兩個孩子沒有了媽媽。爲了一點錢，實在不值得這麼做。」

「啊呀，我要走了，你還要說這種話！我爲自己？我這樣做，還不是爲了孩子！你怎麼能像小孩那樣，儘扯著我，不肯放手？你不想想，我這樣做，也是在爲家庭作犧牲！你去問問看，附近許多低收入的丈夫，聽說自己的妻子找到了一個工作，不知會有多高興、多感激。你呀，你才自私哩！」

「那末，只希望你衣錦還鄉了。」

媽不再回答。或許她根本否認她懷有衣錦還鄉的念頭。如她所說的，她是把責任頂在頭上，前去工作的。夫妻的分工合作原是現代家庭求生的方式，只是我們家要比別家更具體、更顯著一些而已。最有力的一個證明是，媽走後，每近月底，我們兩個小孩就再也不必縮縮瑟瑟地去雜貨店裡賒十個鴨蛋，或者賒一瓶花生油或者兩條鹹魚了。雖然以前媽說到了月初會把欠帳統統還清，但爲什麼媽不自己去賒，而要我們去呢？這裡面當然含有一些不體面的意思。還有一個是，爸又抽起香煙來了。以前，他每次想抽香煙時，就叫我計算一包香煙可以換上一些什麼水果，而在換算的時候，我發覺嘴裡已經滿是水果的香與味；因此，結論總是：香煙比不上水果的可口。這種換算戒煙法，父親也曾傳授給他的幾位同事；據說，效果很好。

然而，現在，爸卻是一本正經地抽起香煙來了。我說「一本正經地」，是因爲我發覺爸是抽得這麼認眞，宛如他是在從事一件把自己的生命整個投進去的重要工作。我和之堇站得遠遠地望著他。這時，除了覺得煙味刺鼻而外，我們連任何水果的味道都聞不出來了，縱使飯廳裡，放著幾隻香蕉或橘子。不過，日子一久，我們卻也感到奇怪，媽在家的時候，我們四姊妹喧鬧得猶如一鍋沸騰的水，而自她們三人走了以後，我和之菫就變得無聲無息，如同牆角邊的兩株小花。冷清下來時，我們懷念熱鬧，就像懷念一場精彩的戲劇，那樣千方百計地想把它拉回到台上來，但幕布卻已徐徐降落。那時，任憑你長吁短嘆，或憤怒咀咒，都已無濟於事了。這種有所不甘的寂寞，爸比我們更尖銳地意識到。家庭中的寂寞非但沒有治好爸的偏頭痛，卻反而成了一種激發偏頭痛的因素。爸頭痛時，我們小姊妹倆就忙得團團轉，而爸便更把自己恨得像個仇人。看樣子，他那時所感到的身體上的痛苦，也許還不及他對我們所感到的歉疚的痛苦。由於他的病，我們已經學會怎樣照顧自己、照顧他以及怎樣料理家務事了。

即使我們做的事要比一般女孩子做的來得多，但我們卻從無怨言。我們愛爸，愛這個已不完整的家。在星期天，父女三人幾乎把一整天的功夫都花在美化庭院的工作上。第二年初春，我們在前院籬邊種下一排聖誕紅，在窗邊種下兩株桂花樹，小徑兩旁是會開金喇叭的金針。有一天，巷口的沈伯母走到我家來，一進門就大聲驚叫：「哎呀，我好久沒來，想不到你們已把院子佈置得這麼漂亮了。哎呀呀，之茵簡直像個小婦人嘛，會澆花、會掃地、會燒茶水。怪不得你爸老在辦公廳裡誇獎你哩。這是千甫的爸回來跟我說的。至於我家的千甫呀，連開水也要我倒呢，跟之茵怎麼比？」

爸說：「沈太太，千甫福氣好，有個疼他的媽媽在身邊；小時候不享福，哪天享！何況他是個男孩子。對啦，我倒忘了，他讀小學幾年級了？」

「六年級了，下半年就要上初中。他爸說，讓千甫上台北去考中學。我們只這麼一個兒子，總不免要為他多想一點。」沈伯母走近我，摸摸我的髮辮。「留得這麼長了，眞不容易，現在是誰替你編的？」

「還是爸爸。」

「啊，啊，你爸眞有耐心。我看你這個孩子，溫靜、勤勞，倒眞有點像爸爸。我哪，就是想要一個女兒想不到。說一樁往事吧，你媽生下之菫以後，本年說好要把她送給我的，但你爸不肯。」

爸笑著說：「說起來，當年要是眞把之菫送給你，那她倒是有福了，哪會在我這兒受苦。孩子總要跟著娘的，對不對？」

「莫太太在台北好吧？年底也沒見她回來過年，她在那邊一定幹得不錯。」

爸沈吟著，說：「工作倒不錯，只是忙。私人機構裡，一個人當兩個人用，一點也偷不得懶，跟我們這兒不同。平日我很少有出差的機會，也丟不下這兩個小女孩，所以幾個月才上一次台北。年底帶了兩個小女兒一同去，也只住了幾天，因為要趕回來上班。我有意把她們留在那邊，可是她也要上班，這麼多孩子，怎麼帶？」

「想想辦法看，」沈伯母說。「分住兩地，總不是長久之計啊；一年半載還可以，要是五年……十年……」

「五年、十年……」爸重複著。「我有什麼辦法呢？」

「你也太老實了；人哪，太老實了，就吃虧！」沈伯母說。

沈伯母走後，爸又認眞地抽起煙來，而我和之菫就把噴水壺和花鏟放好，乖乖地退到房間裡去讀書。我們跟爸的想法一樣。有什麼辦法呢？媽要在台北工作，爸要在這兒辦公，哪一個能把自己的職務丟掉？至於沈伯母說爸老實，這句話也的確錯不到哪兒去，因爲爸在許多事情上是從不想跟人勾心鬥角、爭權奪利的。

至於媽在台北過得怎樣，我雖不十分清楚，但從她寄來的照片看來，不但她的生活跟我們的大不相同，而且也頗不寂寞。媽的生活跟我們不同，可能由於都市跟小鎮的不一樣。我在學校裡畫畫，每每喜歡把小鎮的背景塗成綠色，而把都市的背景渲染成了紅色。大都市是一團熊熊的燄火，永遠在竄躍、翻騰、炫示，熱辣辣地刺戟著人們、烤炙著人們、並且裝飾著人們。何況媽的個性正適合於鬧烘烘的氣氛！

家，已被分成兩個不同的個體，而雙方的聯繫就只有寄託在信札上。爸和我寫去的信總比收到的多。爸說，這是因爲我們有閒情逸趣，我們有點婆婆媽媽，我們喜歡誇大思念與寂寞。而媽的信，正如她的爲人，總是爽爽朗朗的幾句話，有時附來兩、三張生活照，背景都是名勝或古蹟。我一直相信——以前，現在，以及以後——媽去台北的第一、二年，境況並不很好，住的是一房一廳，廚廁公用的宿舍，沒有佣人，帶著兩個上學的孩子，自己還得東跑西闖。或許她早上起得很早，晚上回來得很遲，中午在辦公室裡啃麵包，只是她在信中從來不提這些。她決心不讓別人爲她惋惜，而且也決心慢慢地設法去擺脫這種生活。媽天生一副商業頭腦，兩年裡就從業務員升到了副主任，使苦守十年，始終留在股長職位上的爸自嘆不如。因此，爸又說，媽有衝勁、有潛力，而他自己則是一個笨蛋。爸是極少說人壞話的人，他眼睛裡的好人太多，因此，那時，媽在我們家裡是個英雄。我們三個在沒有事時，就談論媽和大姊。爸說：之茵，你這學期得張獎狀，給你媽媽瞧，好嗎？我也總是孜孜地努力著，把這張我心血結晶的紙寄給她，可是媽卻連個回信都沒給我。爸只得買些禮物安慰我，並且說，即使讓他瞧著高興，不也很好嗎？這話不錯，我爲什麼不能爲爸而用功呢？

在那些年裡，媽正像綠筍變成了竹，越竄越高。她作了業務部的主任。她的薪水已經遠超過爸的。她也僱了女佣。但她雖然早已「衣錦」，卻從不「還鄉」。在我讀高一的那一年，他還買下了一戶三房兩廳的高級公寓；那年，大姊又考上了台灣大學，媽的成就如此燦熠，而仍留原職的爸便益發覺得寒酸、委屈。爸頭痛的次數增加了，他右手的中指和食指也被燻得更黃了。只有當我們父女三人在院中澆花、拔草時，他的笑容才似和風。他站在長大了的聖誕紅與桂花樹以及茂密的金針草的庭院裡，說：

「之茵，我愛這兒，我愛這些花、樹。」

我說：「我也是，爸。」

他又說：「我不願意離開這兒；眞的，我不願離開這兒。」

我說：「我也是，爸。」

但他爲什麼要說這話呢？沒有人要他離開。他才五十左右，離退休年齡還早呢。好一會，他又說：「之茵，你們馬上就放寒假了；這一次，我帶你們上台北去過年。這次要多住幾天，玩個痛快。」

「爲什麼？媽有空嗎？還有管房子的人你也接洽好了？」我說這話，因爲近兩年來，這個住宅區裡也常鬧小偷。每次，我們全家北上時，要找一個臨時管屋子的人，眞的夠傷腦筋的，尤其是年前年後，大家都想團聚，誰肯來做這種工作；要出高價，談交情，千懇萬求，才能找到一個，所以我對台北之行的回憶，是苦多於樂的。

爸用左手摸著下頷，滿不在乎地揮揮右手，說：「你媽有沒有空，我不知道；管家的人，我也沒有去找。我想透了，顧慮得這麼多幹嗎？舊房子裡的舊東西，能値多少錢？難道小偷會不偏不倚地看上了我家？眞有這樣巧，也只有自認晦氣了。」

讀初一的十三歲的之菫也湊過來說：「爸，我贊成你的話，每次去台北過年，只住這麼三、四天，眞不過癮。不是媽說她要去上班了，就是你說要回來辦公了，多沒意思。這一次，我建議住足十天。二姊，你說是不是？我們回來再趕作業也來得及。」之菫長著一個圓圓的娃娃臉，她喜歡大聲地說話，大聲地笑，也喜歡玩、喜歡吃。雖然長得不算矮了，但仍是個小孩子。近兩年來，她的個性已跟以前不很相同了。

但我卻不這麼想。我不很喜歡台北，尤其是過年的那幾天，媽老是在牌桌上，根本很少跟一年才上兩天台北的我們說說笑笑。有一次，爸說，要把我們留下來，他先回來上班，但媽馬上表示反對：「哎，這怎麼行？我帶我的兩個已經夠忙了，怎麼還可以把你的兩個留給我？這些年來，我跟你，不論在金錢上、職責上，都分得一清二楚，誰也沒佔誰的便宜！」爸笑笑說：「琢如，你又不是跟我分居，分什麼『你的』女兒和『我的』女兒？我只是想讓之茵、之董留下來，跟你多聚幾天。」

媽還是直搖頭。「不行，眞的不行。我現在太忙，還沒有福氣享受這份天倫之樂。如果你叫她們兩個留下來，那末，你最好也別走！」於是，爸又一次地敗北了。他帶著我們回來。他一點也不生氣，他只說：「之茵，之董，你媽是對的，她女人家在外面做事，多辛苦，我怎麼能夠不爲她著想，否則，我倒眞的在佔她的便宜了。」

因此，這時，我說：「爸，這次，我過年不上台北，我留下來管家，你多請幾天假，陪著姊姊、妹妹，多玩幾天吧。」

「這怎麼可以？我帶你們上台北，是想讓你們去聚聚玩玩的；你們住在這個豆腐干大的小鎭上，也沒好的穿，好的吃，更沒有熱鬧的地方玩，不去台北見識、見識，都快成小土包了了。」

「我不去。」我仍然堅持著。「我在這兒管家。事實上，這許多年來，爸，你才眞的辛苦了，你該趁這機會，到處逛逛，享幾天福才對。」

爸默然良久，最後竟然有點兒泫然。他一隻手捏住我的肩頭，另一隻手則捏住之董的肩頭。他竭力把我們往他胸前拉，猶似一個感觸頗深的病人。

「孩子，我知道，是我無能，才使這個家支離破碎，才使你們沒有享受到一個完整的家所應有的溫馨。孩子，是爸無能。」

「爸，你千萬不要責你自己，你給我們的愛已經夠多了。」我說，我眼前的聖誕樹的紅花和綠葉已經磨成一片。冬日的黃昏，寒風沁骨，我只感到爸的大手掌的暖和是驅不散的夕陽的餘暉，它是超乎所有的寒冷之外的。

「之茵！之茵！」彷彿有人在喚我，彷彿是媽的聲音，彷彿還混雜著覺察不出來的細碎的叩門聲。我跑過去，打開了門，抓不住的風奪門而入，而掩門的手則變得顫抖而無力。自媽北上以後，我心裡架構起一個慾望——星期六傍晚，當我們父女三個正在院子裡忙碌時，突然，一陣異乎尋常的叩門聲把我引了出去，在打開的門前，赫然站著遠道歸來的母親。她什麼也來不及帶，卻攜來了滿腔的情愛與一家的歡樂！這種慾望後來就轉變爲不自覺的等待。或許爸也是這樣：爲什麼爸曾好多次在夜半霍地起來，走到院子裡去，說是好像聽到有人在喚他？現在，這許多年都過去了；這許多年中，在我們打開的門前，我們見到的總只是抓不住的風！

第三章

我是個平凡的女孩子，不論在智力上，或者是在容貌上。在四姊妹當中，我是最不出衆的一個。大姊之荷纖秀如公主，三妹之蓉和四妹之堇則健美如體育明星。我雖沒戴上近視眼鏡，卻天生一雙單眼皮眼睛，眉毛淡淡的，鼻樑兩旁撒了好多雀斑。有人曾說，雀斑足可增加女孩子的佼俏，那大概是對皮膚皙白的人說的，我可沒有這個份兒。不過。或許是因爲我在讀書或做事上從不怠惰、鬆懈，所以我看來顯得生氣勃勃，頗有精神。

好幾年了，每天早上，我必定把榻榻米上的被褥、蚊帳收到壁櫥裡去；放學回家，我也總把晾乾的衣服摺得平平整整的，分成三堆；爸的、我的、之堇的，把它們放在另一口壁櫥裡。壁櫥裡都放了樟腦，涼絲絲的氣味透著古舊的悽愴。我還把昨天的報紙疊得有稜有角的，放在固定的地方。爸一直喜歡看報紙，尤其在晚上，它已成爲他這些年來排遣晚上寂寞的方式的一種。自從爸在院子裡傷嗟感慨的那天之後，我發覺晚上他看報紙的時間益發長了。他以前很少看「求才欄」的廣告；現在，增加的時間幾乎全花費在它上想。有時看著、看著，他就沉思起來，或者沒頭沒腦地嘆息：「多可惜，白白地錯過了！」而當我摺疊報紙時，我也看到有幾處廣告已被圈上了紅色或藍色的柵欄。

難道爸想提早退休？

我也曾聽到過爸談起退休的種種。退休是爸憧憬著的夢。夢的內容很單純：女兒們都長大、結婚了；分住兩地多年的老伴回到了他的身旁；沒有了工作的牽絆，沒有了金錢的困擾；房子雖小，卻已夠住；庭院不大，卻也花木扶疏。黃昏散步歸來，有一杯香茗在桌上，有微笑在妻的唇邊、眉梢。在六十歲的老年獲得了青年、中年時代所無法享受到的溫暖、寧謐與歡愉，那是類似溪流一般的日子，遼遠而悠然地來，遼遠而悠然地去。人生就溶在那份恬淡裡了。而現在，爸的夢的內容或許正在改變：他才五十一、二，他分明還想另找工作。或許根本不想住在這個小鎮上；而且，媽也不可能回來啊！

年底，爸帶之菫去台北以後，在靜靜的屋子裡，我有更多的遐想。團聚的歡樂在左鄰右舍的笑談中播揚，但我卻有足夠的冷靜耐得住寂寞。我想，爸這次去台北，一定是想跟媽商量他該不該提早退休的事。爸會這樣說：

十幾年的苦熬，我發現了一件事：這份工作對我並不適合，否則，我怎會蹭蹬到今天，毫無進展呢？我承認自己內向，跟同仁缺少連繫，但也不是所有的工作都需要外向的人才。總之，在原職位上呆了二十年，沒有升遷，就表示我已失敗；再混下去，已沒多大意思了。

媽說：其實，在我離開小鎮的時候，我就知道，你不該再對它有所留戀。小鎮是條死巷。

爸回答：我仍舊認爲小鎮是可愛的。

媽狠狠地說：可愛得足夠埋葬一個人的壯志和前途——

於是，爸不再作聲了。爸的口才本來就比不上媽的，現在則是更加木訥、拙昧了。

怎麼不說話了？剛才不是還有一件你自己的事要說的？

這個——我是……我覺得現在這個工作，再幹下去，似乎沒有什麼意思了。

你想提前退休？

是的，可以這麼說。

你想另找一個工作？

當然，我還沒有老啊！

想到台北來，大家住在一起，對不對？

琢如，你想的對，我正是這個意思。好多年了，我們一直沒有給孩子們一個完整的家，所以我要跟你商量……

我想像著他們的談話的各種可能的方式。我試圖爲爸解決問題以及爲自己解決這件事。

這時，我聽見有人走進來，在玄關前響亮地喊了一聲：

「莫之茵！」

我盤腿坐在臥房的榻榻米上，因爲坐得太久，立即站起來，兩腿就有點兒痲。我向前走幾步，扶著紙門，探頭向外問：

「哪一位？」

「我是沈千甫，媽邀你到我家去吃年夜飯。」

我走到客廳門邊，才看清是沈千甫站在玄關那兒。他穿著大方格子呢的半長大衣，兩手插在衣袋裡。他雖然也像我的大姊那樣，是個台大三年級的學生了，但卻沒有一絲趾高氣揚的樣子。他又說：

「天快暗下來了。今天這個日子，你還在用功？」

「哪裡，一個人坐著沒事，只是在胡思亂想。你是不是今天剛從台北回來？上來坐一會吧。」我站在玄關上，腳上穿著一雙有破洞的白色短襪。我感到很彆扭。

「媽希望你快點到我家去。」

「我家裡還有燒好的菜，夠我吃的；我想還是不去打擾吧！」

「噯，噯，你客氣什麼？要是我沒把你請了去，媽也要親自上門來叫你。那時，她會怪我不會說話。」

看他心急的模樣，我只好笑笑說：「好，好，我馬上去。而且，我還可趁便向伯母學幾樣菜。這幾年來，我家飯桌上的菜，都是爸和我胡亂湊成的，只求簡單、快速，能塡飽肚子。噢，千甫，你等一下，我換身衣服。」

我轉身走進臥室，換上一襲秋香色的呢洋裝，外披一件黑呢紅翻領的短外套。臥室裡沒有一面大鏡子，我不知道它們合不合身，因爲那些都是大姊不要穿的舊衣服。每次收到台北寄來的包裹，我總是一陣激動、一陣辛酸；衣裙是似舊非舊，心裡也是似喜非喜。把手探進衣服裡去，滑溜溜的、暖烘烘的，是媽的手臂嗎？是大姊的臉頰嗎？是愛嗎？是施捨嗎？人像在月夜的樹叢中行走，明明是那麼一小撮樹叢，卻忽然感到四面都沒有了路，走不出去了。一種孤零零的被摒棄的恐懼。

我惟恐自己的臉色暗鬱多於明朗，於是又薄薄地敷了一層粉。手裡拿了雙擦得亮亮的學生鞋，到屋內各處看看門窗可曾關好。我一走出來，沈千甫就說：

「之茵，沒想到你好會理家。我簡直不相信，你們家這麼乾淨。」

「家裡沒小小孩嘛，哪裡會髒？我早上上學前理一點，傍晚放學後理一點，也覺得不費事。」

沈千甫跟我並肩走向他家裡去，他一手撥弄著大衣的鈕扣，凝思著，隨即笑了起來：「現在，我承認，媽說我不中用是對的，我不但不會整理東西，而且喜歡亂放東西。有時候，心急起來，逼得媽跟著我一同滿屋子地亂找。這樣亂找以後，簡直把一個家搞得一團糟，夠媽忙上半天的。所以，媽就常說，她幸虧只有一個兒子，如果有三、四個兒女，那她每天光是找東西也夠她忙的。」沈千甫停了停，瞥了我一眼。「不過，我倒另有一種看法。我之成爲現在的我，正因爲我是獨生子，被媽慣壞了。現在，我還不敢一個人去划船、爬山呢，同學們都說我是膽小鬼！」

「沒有關係，以後時常練練，就會能幹起來的。不過你爲什麼老說自己的缺點，不說自己的長處呢？你的書唸得這麼好，伯母就夠高興了。」

「嗨，之茵，你倒很會說話哩！」

「這是眞的。那年，你考大學，伯母在鄉下爲你燒香拜佛；你考上之後，她又捐了一筆香火錢給廟裡的住持。爸跟我說過，那幾天，她日夜記掛的就是你考大學的事，而你也確實一點也沒有使她失望；所以，伯母嘴裡雖這麼說，心裡可一點也不會這麼想。」我發覺我今天很愛說話，因爲我面對的沈千甫不是一個沾沾自喜、滔滔不絕的大學生，他那出自內心的謙虛令我感到舒暢的喜悅。他並沒有把我看得很小、很低，我們仍是跟以前一樣是「平等」的鄰居。

到了他家之後，我才發覺，客人只我一個。沈伯伯和沈伯母兩人都在廚房裡忙。我跟沈千甫說了一會，就跑到廚房裡去。沈伯母要做一盤油拖蝦，我就忙著替她調麵糊，沈伯伯正在剎那煮熟了的鵪鶉蛋。我說：

「沈伯伯，你也會燒一手菜吧？」

「我今天才開始學哩。你沈伯母常說，你爸會燒好多菜，只有我貪吃懶做，最要不得，所以我才選了今天這個黃道吉日來學菜，哈哈！」沈伯伯是個風趣的人。他跟爸的年齡相差不多，但看來卻要年輕不少。別人都說，這是因爲他有一個賢慧的妻子、一個聽話而肯上進的兒子；誰說不是呢！別人羨慕他，爸也同樣羨慕他。五十出頭的爸，在年輕時，也曾憧憬著士大夫式的紅袖添香的婚姻美景：家是窗明几淨。妻是溫柔體貼；一杯香茗，幾碟可口的菜。或許，任何一個男人，不管以前或以後，對家都有這樣的期望，因爲家原是人生的避風港。從這點上看來，沈伯伯可要比爸幸福得多，但是站在媽的立場來說，她孤軍苦鬥，肩擔家庭的一半責任，她的勞累，又豈是沈伯母所能比擬的？

所以，在我們的家庭中，究竟誰是眞正的不幸者呢？爸？媽？抑或是我們這四個孩子？

此刻，處身在沈家這麼一個完整的融樂的家庭中，我，雖然年輕，感觸卻是頗爲精微深妙的。沈伯伯的風趣的談吐，只引起我一個黯淡的、或許不曾爲他們覺察的笑。沈伯伯又說，等他學會了幾道菜之後，還要跟爸比比本領看。於是，我便不自覺地回說，爸一定比不上他，因爲他燒菜是源自興趣，而爸燒菜則是驢子挨磨——被逼的。

一定是「被逼」這兩個字使他們覺察到我的傷感。他們在油煙瀰漫裡互望了一下。沈伯伯說：「也難怪你爸，男人下廚房，本來就像玩票，偶一爲之，興趣盎然，一經下海，總不免有「爲家計謀」之感了。我清楚長勛兄的個性，脾氣好，心眼細，說話不多，受一點兒委曲，總放在心裡，不跟人計較，也眞可以算是個很有耐心的男人了；只是家務事，一做十來年，任誰都會覺得厭倦的。」

沈伯母一邊燒菜，一邊感慨著：「有時，我想想，也該負點責任。當年，我跟你媽談起，說我妹妹在台北做事，收入倒很不錯；不料說者無意，聽者有心。她緊記在心，後來就眞的去了台北。碰巧你爸又是個實性子的人，一點辦法也不想，就硬是兩地分離了這麼多年。倒不是你媽現在不在這裡，我在背後派她的不是。自她去了台北以後，這麼多年了，再忙，也該抽出一些時間，回來看看丈夫、女兒和老朋友們，但她卻一去不回，不也太無情了？」

我輕輕地嘆了一口氣，不知該說什麼才好，但最後還是替媽辯護了一句：「大家都說，這十年來，媽在台北，成就輝煌，不只錢賺得多，家也治得好。」

沈伯母有點氣呼呼地說：「說錢賺得多，倒是眞的，說家治得好，我倒有點不贊同。她把之荷慣得像個公主，把之蓉縱得像個太妹，成什麼話？」

沈伯伯連忙戳戳她的胳臂，阻止她：「嗳，嗳，你怎麼可以批評莫太太，叫莫太太聽到了，不跟你吵，也得諷刺你幾句！」

沈伯母剛把炒好的一道菜盛到碗裡，雙手在圍裙上擦著：「之茵，我剛才說的這些話，你聽了別難過，因爲我跟你媽是老朋友，我才這麼說的。其實，我是疼你。她有像你這麼一個乖女兒，怎麼就一點也不關心你。她跟你爸怎麼分得這麼一清二楚！」

沈伯伯又說：「哎呀，千甫的媽，這就是所謂的魚與熊掌呀。就跟你希望千甫在家，又希望他上好學校唸書是一樣的道理。這可不能怪莫太太。」沈伯伯回過頭來，對我笑笑。「之茵，這次，你留下來管家，你爸要在台北多住幾天，可有什麼事呐？」

「我也不知道。他說要跟媽好好地談談。我也猜想一定有什麼事。沈伯伯，最近爸在辦公廳裡可有什麼異樣？」

「異樣？你怎麼問這話？」

「他有沒有跟你談起過退休的事？」

「退休這件事，我們辦公廳裡倒時常有人談起的，因爲這些年下來，有些同事，也的確已經老得非退休不可了，所以，我們在閒聊中總不免常常提起：某人要在今年退休；某人將在明年退休；某人在去年退休之後，生活情況怎樣；甚至談到，有幾個年輕能幹的同事，竟然放棄了退休金，自請遣散，到待遇優厚的私人機構裡去工作。這些都是朋友們的事，大家談談，報告一點消息而已。」

此刻，我在剝蔥，把每一根蔥都剝得綠白分明、纖妍嬌嫩。

「沈伯伯，爸可曾跟你談到過提早退休的事？」

「提早退休？噢，讓我想一想——似乎根本沒有談起過。對了，只有十來天前，當我們提到某人退休時，你爸跟我算了算：我們這班上了五十歲的人，如果現在退休，到底可以拿到多少錢？」

「爸正確地計算過？」

「是的，我也正正確確地計算過；大家沒事時，都這樣在計算。連公保在內，你爸大約可拿十幾萬。」他思索了一會，又說：「等你爸回來，我問問他看，可能，你爸是跟你媽去商量退休的事的。依我看來，做公家的事，好處是安定；吃私人的飯，薪水雖大，老闆要你什麼時候走路，你就得什麼時候走路，可以說互有長短、各有利弊。如果你爸眞想退休，那惟一的原因，就是想闔家團圓，共聚天倫！」

年夜飯後，我們又看電視。沈千甫說：之茵，你何必回到你那冷冷清清的家裡去，就在這兒跟我們一起守歲吧。但我跟爸說好管家的，在這個簡陋的家裡，有我心愛的東西，所以在十一點左右，沈千甫就陪著我一起走了出來。寒夜裡，路燈撒下一片雪光。走出了沈家，似乎把暖熱都推遠了，我雖裹緊外套，還驀地打了兩個抖嗦。

「瞧你，不要因此而感冒了！」沈千甫說。

「不會的，你放心。」我依然走得很慢。我發覺這條巷子是太短了。「千甫，你在台北已經好幾年了，有沒有去過我媽那兒？」

「沒有。我以前跟莫伯母很熟，對她的印象也很好，但不知怎麼，現在卻老把她跟之荷纏在一起，就不免跟她疏遠了。在學校裡，大家都知道之荷說話最尖刻。」

「你碰過我大姊的釘子了？」

「那倒沒有。我這個人待人不錯，要是我碰了釘子，心裡就會覺得很難受。我既然知道你大姊的個性，怎麼還會去嘗試？」

「我倒不是這樣想，你跟我大姊到底是從小認識的；既然熟了，釘子也就碰不到你的頭上去。」

「總比不上你跟她那麼熟吧，但你碰過她的釘子沒有？」

「我跟大姊是姊妹，她對我說話當然不必留餘地。」

「那末，你對她呢？你對之蓉呢？對之菫呢？」

「啊，我們四姊妹當中，我最無能、最不出色，我那有資格準備那麼多釘子？」

「我倒認爲你是最出色的一個呢！信不信由你，我媽就常誇獎你。」

我們已經走到我家門前。我推開院門，又打開大門的鎖，但我沒有拉開門。沈千甫說得不錯，這個無人的家確是怪寂寞的。站在他旁邊，跟他說話，當然冷風砭骨，但感覺上還是很舒服的，因此，我們就站在門前，繼續談著。

「之茵，我想，假如你爸眞的要提早退休的話，那你們怕就要搬到台北去了。」

「我並不喜歡搬家。」

「爲什麼？」

「我在這兒住久了，多的是熟鄰居、好朋友，一旦處身在陌生的環境裡，怕會不習慣。」

「還有呢？」

「我已經是高三了，我不喜歡轉學。即使我有能力轉上好學校，但一般說來，老師對轉學生總是『另眼看待』，眞叫人受不了。我是計劃在這裡讀完高三的。」

「那是第二點，還有第三點呢？」

「我不喜歡媽的生活方式，我想，這是我的不對。我已習慣於爸所給我的生活方式了。」

「我也不喜歡你搬到台北去。」沈千甫說。「我雖然很少回家，但至少在假期中，我是在家的。要是我到台北你家去，我就不知道是該去看你大姊，還是去看你，還是同時去看你們兩個人？」

「我不知道，可能是同時去看我們一家六個人。」

「現在，我倒希望你爸的退休不要成爲事實。」

他替我拉開門，看我進去捻亮了房間裡的每一盞燈後，這才放心地說：

「我明天再來看你。」

在那個橫跨兩個年的、富於紀念性的夜晚裡，幾幾乎，每家都是燈火通明，站在奔馳不息的時光之流的堤岸上，嗟悼著昨日的逝去，企盼著明天的來臨。人們永遠在失望與希望中製造矛盾的和諧，以及激勵生存的勇氣。在黯黯的蒼穹下，每一處的亮光，似乎都在表明此一意念。

而我在獨處的木屋裡，燈光也同樣是徹夜不滅，我在嗟悼著以及懷念著什麼呢？我想，當時，我當預感到十幾年的小鎮的平靜生活將付流水，而未來的生活恰似一盞懸在樹叢中的燈，乍明乍暗，撲朔迷離，我掌握得住嗎？

臥室裡，蚊帳早已掛起，我盤腿坐在帳中的榻榻米上，側耳靜聆時，隱約聽到時間的波濤澎湃之聲，不眠不休地，一浪逐一浪向前捲去。過了今夜，我雖然還不到十八足歲，但虛齡卻是十九歲了。我幾乎無法相信母親離去時不到十歲的小女孩，而今竟已長大成人。其實，母親的離去促使我過早地成熟，但那也只限於理家，或者體貼或容忍這一方面。一般地說，十八歲的女孩總是走進了一個黃金季。不管我長得並不很美，但少女自有少女的清新風韻，彷彿早晨的空氣，帶給散步者以一種舒暢、恬怡之感。猶記得，三年前沈千甫看到我時，還拍拍我的肩，拉拉我的手，喚我一聲小之茵；有時，褲袋裡藏著口香糖，還塞一個到我的嘴裡。而今天，他對我卻是斯文而認眞，連望著我時的目光也跟以前的不同了。我一再回味著在門口的那段對話，我發覺我應該在我不喜歡搬家的諸多原因中，再加上一點：我不願遠離沈千甫和他的家人。

我一直坐著，腿上只蓋著毯子，卻也不覺得冷。十年前，每個新年，母親總爲我們四姊妹穿上一套全身的新衣裙。細呢的，仿毛的，或者是印花嗶嘰的，式樣縱然簡單，卻都是她親自縫製，而她自己，一連好幾年，總是穿著那件橘黃色的棱維呢旗袍。可是近幾年，我再去台北過年，看到母親穿的都是織金嵌銀，銹花鏤空的旗袍，不但每年更換，甚至在那三天的新春裡，還要換上兩、三件，再配上新款的髮型、耳環和皮鞋，眞是華貴極了。因爲我住的日子短，所以始終不知道母親有否染髮，只知道四十五、六的母親，頭上沒有一絲白髮，臉上絕少皺紋。她在事業上的成就，使青春緊攀住她不放，而追隨在這樣的一個風姿綽約的中年婦人的身畔的，卻是一位穿著半新不舊的西裝，兩鬢斑白的父親，你說，他怎麼會不像個落魄的賣藝人呢？

人不是常常在矛盾中謀求和諧嗎？爲什麼不把父親和母親的衣著加起來，再除以二呢？倘若有一天，父親在台北住了下來，他是不是會受環境的影響，改變過來呢？或許我自己也會改變。誰能對明天的事知曉得很多？

在凌晨兩點多，我才矇矓過去，依稀聽見有人在敲門，隨後又聽見母親在喚：之茵！之茵！我醒了過來，略一遲疑，就知道自己在做夢。平時不想回來的母親，這會兒怎會回來？於是我重新睡去，卻又聽見沈千甫在喚我。我跟他一起走出去，看見穿著一身柔白呢絨洋裝的大姊正站在大門口。她不肯走進來…………

滿室燈光——燈光很亮、很冷，也很寂。燈光下的我，就這樣孤單地睡著、夢著。

第四章

父親和之堇乘了半天的平快，從台北回來了。那是初三下午，比預定的早了好多天。

父親一回來，就坐倒在籐椅上，左手按著左額角。我知道他的偏頭痛又發作了，便慌忙遞上冷手巾、薄荷錠。在他閉目養神的當兒，我悄悄地洗了一些綠豆，在電炒鍋裡用小火煨著。新年坐平快是種可怕的經驗，擁擠、雜沓，當然也免不了骯髒與臭味；而且，可能有一半的路程，爸是站著的，沒有座位。我往年從台北回來時就是這樣。坐觀光號要舒服多了，但爸卻不習慣於坐觀光號：「我們小公務員有小公務員自己的風格，」他曾經說過。「一個坐在平快車廂裡的乘客，眼睛老是望著觀光號車廂裡的白布椅套，那是愚蠢的。我想，眞正的高尙並不是這麼簡單。」所以，你可以想像到，爸即使頭痛，但對平快，他也絕不會有所怨尤。

不過，我卻知道，他一定是累了。我替他燒了熱水，讓他在頭痛稍爲緩和時，洗了一個澡。然後，他重又在客廳裡坐下來，煞有介事地喚道：

「之茵，到這兒來，坐在我的對面！」

其實，我就坐在他旁邊不遠的地方，他這樣喚我，只是表示他對這件事的認眞。我馬上意識到我所有的猜想並沒有錯。

我把籐椅挪了挪，坐在爸的右前側，之菫坐在他的左前側。稚眞的之菫穿著一襲粉紅色的洋裝，臉上覆印著這幾天來新春假期的歡樂的投影。我說：

「爸，有事跟我說？」

「不錯，最近，我在計劃退休。」

「爸，你這樣說，是想提早退休？」

「哈，之茵，沒想到你對這件事也一聽就懂了。」

我又輕輕地問：「爸，你已經跟媽說好了？」

「完全對。這種大事一定要跟你媽商量商量之後才能決定。我這次跟你媽談起這件事，你媽說，早退休也不妨；之茵，老實說，要不是你媽能做我的後盾，我怎會這樣大膽？我喜歡一家團聚，但我也要無後顧之憂。你媽景況好，供給你們四姊妹沒有問題；我拿了退休金，帶著你和之菫往你媽那兒一住，然後再慢慢兒地找個事。我還不老，精神好，經驗夠，而且，到底也有一頂方帽子，說怎麼，找到的工作也不會差到哪裡去；而且，你們姊妹倆，從此也可以做台北人了。」

「爸，你爲什麼喜歡我們做台北人？」我覺得最後一句話跟爸平日的觀念不相吻合。

爸笑了。他的長方臉縮短了不少。他的眉毛粗、額角寬，沒鬧偏頭痛的時候，那前額光滑而開朗，象徵著智慧與氣度。

「住在台北的好處可多啦，」他說，「台北的中學好、大學多，當家教方便，交男朋友也容易，對不對？」

之董也在一旁插嘴：「二姊，我也喜歡去台北，台北好吃的東西多，好看的地方多，好玩的地方多；我一上台北，就不想回來。這次我本來就不打算跟爸一起回來的。」

「可是，你最會跟之蓉吵嘴，吵起來，誰也不讓誰，吵得媽光火、爸頭痛。」我說。

「不過，這一次，我根本就沒有跟三姊爭吵過。不信，你問爸好了。」之董說。

「只住這麼幾天，忙著吃、忙著玩，哪有空拌嘴？你們姊妹三個，都沒有之茵乖；所以，我老是想，住在這裡，最吃虧的是之茵。」

我趕緊分辯：「爸，你快不要這麼說，我自己從來沒有這種感覺，眞的，從來沒有。」

「但是，誰都看得出來。你做得最多，吃得最少，穿得也最差。」

「那是我自願的。」

「然而，我這個做爸爸的，卻希望你跟姊姊和妹妹們一樣。」

「爸………」

「別說了，我對女兒們都很公平，絕不獨獨袒護你，你別再跟我辯了。」

我不再作聲。我知道爸愛每一個女兒。當然，他曾盼望我們當中有一個是男的，或者在潛意識裡，至今仍抱撼著沒有一個兒子，但他對女兒們的愛卻依然深而且濃。

過了好久，我才問：

「爸，我們是不是很快就要搬家了？」

「當然，越快越好。什麼事，當機立斷，最是痛快；拖泥帶水的，成不了事。在台北，我已經把退休申請書擬妥了，明天上班，謄寫一遍，就遞上去。今天乘火車來，一路上都很激動，彷彿自己又要開始一種新生活似的。大概一個人在某個地方獃久了，就缺少刺激，缺少進取心。這些年來，一事無成，或許就是這種墮性在作祟吧。」爸的確很激動，他把剛穿上的襪子重新脫下來，揑著腳丫。這些都是悖乎他的習慣的。

「那末，我們唸書怎麼辦呢？」

「轉學，就在這個寒假裡。沒有多少天了，所以，我趕回來，告訴你：得趕快準備、準備。」

然而，我捻著毛衣上的小疙瘩，不安在重重疊疊地堆砌。「爸，台北的公立中學，多半不收高三下的轉學生；讓我在這兒再讀半年，等我高中畢業，好不好？」

「之茵，你今天怎麼啦？你不要朝爸的決心潑冷水呀！我們全走了，留下你一個人在這兒，我放心得下？爸下決心可不容易，這點，你是知道的；倘若一波折的話，那末，剛培植起來的勇氣不全垮啦？以後怎能再提提早退休的事？」

我想說，我留在這兒讀書也很方便，可以租住學校附近的民房，也可以寄宿在沈伯母的家裡，但我忍著不說，因爲我也覺得爸在退休這件事情上委實需要別人來支持。爸的內心潛伏著矛盾，這連他自己可能都不太清楚。他的確希望離開這個小鎮，但一旦眞能擺脫時，他卻又有幾分留戀，因爲他最好的一段歲月，畢竟是投入這份工作裡的。他力圖割斷的那脈血緣，可是他生命的精華啊！

父親接著又扯到旁的事情：「年底前，你媽那邊的女佣又走了。台北的女佣實在太難僱；你媽說，下次我們上台北時，最好能帶一個佣人去。所以過一兩天，我還要去托人物色。」

父親和之堇都覺得有點疲倦，就各自回房睡覺去。我卻一點也不累。我只感到困惑。父親決定得太快，令我沒有選擇的餘地。以前，我常想等高中畢業後，再上台北去唸大學，即使考不上日間部，讀夜間部也可以。唸夜間部也有許多方便，例如：家裡僱不到女佣時，白天可以由我來管家、買菜，甚至燒幾樣簡單的家常菜。等傍晚母親回家了，我再上學去。這樣既可以免除許多僱不到女佣的困擾，也可節省許多錢。我並不是爲自己，而是無形中在爲家打算盤。不知怎的，我老擔心家裡的收支，會入不敷出。大姊在讀大學，她身體不好，經常要花醫藥費；之蓉在讀私立五專，又愛看電影、吃零食；以後又要加上我的大學費用；還有每月的伙食、水電、服裝⋯⋯⋯⋯啊唷，或許我在小鎮住久了，看到的都是一些節儉成性的人，連自己也染上了一種可省則省的習慣；或許只是童年時代去雜貨店裡賒花生油、鴨蛋⋯⋯⋯⋯留下的印象，那種縮縮瑟瑟的感覺，我忘不了。

在小鎮上住了十八、九年，生活在一個寧靜的模子裡，塑成了現在的我；以後，我將如何去打碎，塑揑成另一個我？

父親提早退休的消息，一下子就傳了開去。當然，最先得知的還是沈家。沈千甫跑來找我，要我再到他家裡去玩玩、談談，因爲以後就不再有這樣的機會了，但我卻惋拒了他。我對他說，我不得不加緊讀書，準備轉學考試。說眞的，在去台北之前的那些天裡，我每天總要一直啃書到深夜兩、三點。本來，我的臉上就有些許雀斑，現在，連眼圈也黑了。我簡直認爲自己快要佩戴近視眼鏡了。

父親一邊辦理退休手續，一邊爲我和之堇跑學校、拿成績單，跑鎭公所、辦戶口遷移；又寫信給母親，請她辦理轉學的各項手續。考試前兩天，父親才護送我們姊妹倆北上。到達台北住所時，正是午後一點左右。母親剛在午睡，大姊正倚在沙發上聽布拉姆斯的第二鋼琴協奏曲，而三妹則去逛街或者去看電影了。我們悄悄地坐下來，因爲我們一家人都知道母親是非午睡不可的。母親有一句名言：『誰要是問我：「你工作的活力是從哪兒來的？」我會告訴他：「是從午睡中獲得的」』當然，對母親來說，事情也確實如此。母親晚上睡得遲，外出應酬也好，打牌也好，跟朋友們聊天也好，少不得總在子夜時分，或者子夜之後；這些透支了的精力，她都得用一個鐘頭的午睡來補足。更何況，午睡在現今，也已成爲一種流行病了。而更使母親引爲自豪的，則是：要不是有人故意吵她，她的神經健全得足可以隨時入睡，就連巷口的汽車喇叭聲，也驚動不了她。

我坐在大姊的身旁。大姊戴著近視眼鏡，長髮柔柔地披在肩上，手指甲尖尖的，左手上還戴著一隻鑲嵌精巧的珍珠戒子；穿的是質料、剪裁都很高級的乳黃洋裝；身邊放著一本翻開的洋文書，完全是副大學女生的模樣。她說：

「嗳呀，之茵，你一年沒來台北了，人倒是長高了不少，但怎麼也跟我一樣，胖不起來？」

「是呀，幸而我雖瘦，身子倒還好。」我一說出口，就馬上意識到，這句話對大姊許是太坦率了些，因此又立刻添上一句：「大姊，你看來精神也是滿好的。」

「好？好什麼？還不是老樣子！雖然經常吃維他命丸，隔些日子，還是要去打補針，尤其是在考試那些日子裡，我又會緊張，不打針就支撐不住。」大姊無可奈何地聳聳肩。那副沒精打采的神情，猶如她還在患台灣熱那樣；據我推測，台灣熱不僅形成了大姊的體型，也形成了她愛使小性子的性格。

之堇走到面前來，眨著眼睛，說：「大姊，妳的身子差，是用功的關係，你的功課好棒啊！」

大姊笑咪咪地坐正身子，在之堇的手臂上捏了一下：「小鬼，聽誰說的？」

「誰不知道？初二那天，媽在家打牌，我就聽見媽跟她的朋友說：『我們輕一點兒，我的大女孩在房間裡看書呢！』你瞧，媽在打牌時，什麼都忘了，但卻記著你。」

大姊高興得緋紅了臉。「你這小鬼，最會說話。說這好話，是不是因爲我給了你一百塊的壓歲錢？」

我也驚奇於之堇的那張甜嘴。想起一直沒有開口的父親，我就回過頭去，卻看到他雙目緊閉，臉色冷青。怎麼剛才還好好兒的，現在又頭痛了？我連忙跑過去，問：

「爸，痛得很厲害嗎？要不要冷手巾？要不要吃止痛片？」

父親搖搖頭。「車站太鬧了，大概神經緊張了一下，讓我靜一會，慢慢兒會好的，也眞是的，以前，你們還小，大叫大嚷，我頭痛猶有可說；現在，你們不鬧了，我還要頭痛，眞是從何說起？」咬牙切齒地敲敲自己的額角。他頭痛時就顯得蒼老了；頭髮有點亂，一些灰髮從鬢角竄出來，左額角的青筋又清晰可見了。

大家都等待著午睡時間的消逝。兩點不到，母親房裡的鬧鐘響了，母親醒了。她喚大姊時，父親走了進去，我跟在後面。在門邊，瞧見母親正打算換衣服，我便站住了。她一邊換衣服，一邊對父說：

「我沒想到你們今天會來，我還以爲是明天呢！退休的事辦妥了沒有？」

「退休沒問題，現在倒是之茵的轉學問題；你來信說，報考的人數很多。」

「我自己沒空，是托朋友去報名的，據說是這樣。其實，每年幾乎都是這樣。不過，退休這件大事都已毅然決然地辦了，還顧慮那小事幹嗎？」

「話是不錯，只是你來台北後，這十年裡，苦了之茵，這一次，可不能再害她了。」

「這怎麼會？好的總是好的；不好的，做爸媽也沒法拉她們往高處攀。我看，女孩子讀書要緊，辦事能力也要緊，有些讀夜間部的女孩也照樣找到了很好的工作。再說，我現在主管的業務部，裡面就有好幾個大學畢業生。」

「當然，當然，」父親應著。「不過，之茵、之堇都是在鄉下長大的，尤其是之茵，性情內向，這幾年來，全靠她幫忙做家事。」

「唉，還沒考，就擔心起來了，你這個人就是小心眼，不豁達，無怪乎要鬧頭痛。這會兒，我看你的臉色不對，是不是老毛病又發作了？快到床上去躺一會。我要去浴室化妝一下，還要趕時間呢；傍晚回家，我們再詳談。」

我退回到客廳裡。等到母親從浴室裡走出來時，她已是一個濃妝艷抹的婦人了。她對到達不久的我和之堇說：「媽要趕著上班去，有事回來再說。如果你們獃在家裡覺得無聊，就叫之荷陪你們去看一場電影吧。」順手打皮包裡抽出一張百元大鈔，放在桌上，就匆匆走了。

大姊說她有點兒累，不想去看電影，等之蓉回來再陪我們去。其實，我心事重重，根本不想看，只有之堇還一個勁兒地盼著之蓉回家，可惜之蓉就是不回來。我走進母親的房裡去看父親，他已經睡著了。我又走回客廳去，拿出帶來的幾本書，走到朝北的那間較小的房間裡。大姊在客廳裡說：

「之茵，靠右的那張書桌是我的，我剛整理過，你可不要動，你就坐之蓉的那一張吧。」

「大姊，屋子裡只有兩張書桌嗎？」

「是的，過幾天，媽要再去買兩張來。」

我在之蓉的書桌前坐下來，用手摸著桌沿，一遍又一遍地；感到自己並不是回到了家裡，而是在別家作客，那麼拘束，又那麼陌生。未來之前，心裡認爲這個較小的房間應該佈置成爲我和之堇的臥室兼書房。一張雙層床、兩張簡陋的書桌，不必花上多少錢，但卻能叫我們安心下來。以前來時，即使在之蓉的床上擠一擠，或者跟之堇一樣，在地板上打個地舖，也都能心安理得，因爲爲時畢竟短暫。如今卻不同，因爲我們要在這裡長住。難道母親眞的忙得替我們想一想的時間都沒有？然而大姊呢？至少她可以向母親提醒一下啊。媽是肯聽大姊的話的。四姊妹中，她在媽心中的比重恰跟她的體重相反，是遙遙領先的。那末，大姊他在忙著別的，沒有想到這。是因爲我們很久很久不屬於這個生活圈子了？唉，我是不該計較這些的。我幾乎自責起來。我不是一直是個不愛計較的女孩嗎？何況，媽這些年來的犧牲，不全是爲了我們四個女兒嗎？任何人在繁忙之中，總是有疏漏的。考好以後，自己去傢俱店裡挑幾件就是了。噢，不對，小鎭的家裡還有兩張書桌，或許母親就在等待舊傢具的到達。

之蓉幾乎是跟母親同時回家的。父親的頭痛早已好了。因爲沒有女佣，家裡就有點亂糟糟的，飯雖煮好了，但有些菜卻是剛由母親買來的，所以得洗、得切、得炒。母親並沒有時間問我什麼，她一邊忙著，一邊絮絮地訴說著女佣的事——台北的女佣好難僱啊！不但工資高，而且不可靠。啊喲，你們不知道，一個職業婦女的家庭中走了女佣，就幾乎像失去了一隻手，比如這頓飯，就夠瞧的了。我回家來，本可以坐在沙發上輕鬆一下的，現在卻不得不馬上換便裝，下廚房。今天沒料到你們三個要來，差點兒連菜也配不出來。啊唷，以後如果一直找不到女佣，我一個人煮，六個人吃，怎麼得了？

這時，大家已在飯桌旁了，爸立即說：

「琢如，中午你忙著出去，我也忘了告訴你關於女佣的事。我那天回去後，幾乎是逢人便托：最好是有根有攀的，二、三十歲或者三、四十歲的女人；看起來，乾乾淨淨、伶伶俐俐。榮發雜貨店的老闆娘還跟我說：她娘家的一個堂妹，前年死了丈夫，想出來幫活；過幾天她抽空去娘家看一看！」

媽嘆了一口氣，湯匙在湯碗裡撈了一會兒，不知想撈肉絲，還是想撈榨菜，結果卻只舀了一匙湯，喝了：「鄉下的女佣，剛來時，倒很老實，但過不了兩個月，就學壞了。想起十年前，你把兩個女兒丟給我，一個十一、二歲，一個六、七歲，月入不夠，也就僱不起女佣，住的是一房、一廳、廚廁公用的房子，這日子不知道是怎麼過的？長勛，你總以爲你帶女兒很苦，之茵和之堇很苦，沒想到我在這兒比你們更苦！」

爸陪著笑臉：「琢如，你今天怎麼說起這種話來？哪個不明白我們兩邊都苦，幸而，如今是苦盡甘來了。以後，我們兩個人賺錢，只有一個「家」的開支，還不舒服？再說，還有十幾萬的退休金可以生息哩！」

「你在外人面前，可不要十幾萬、十幾萬地說個不停啊。你不知道，這兒的人，眼界高，手面闊，根本不把十幾萬二十萬當作一回事。」

「唉，你以爲我眞是土包子？我莫長勛雖在小鎭住了二十年，但人還是以前的那個人哪！」

大姊這時用筷子輕敲著碗沿，岔進來：「媽，你老是說話，飯菜都冷了，而且，今天的鹹肉切得好厚，我就不想吃。」

媽立刻轉過臉去，柔聲地說：「之荷，今天媽太忙，你就挑薄一點的吧，把厚的剩給妹妹吃。明天，媽買兩副雞雜來，噢，不要不高興，把這碗飯吃完，再去添一點。」

自從女佣走了以後，飯後的洗碗工作是派給之蓉做的，但這時，之蓉已經玩累了，正一邊打著呵欠，一邊望著我。我在岡鎮的家裡原也是負責洗碗的，所以就很自然地接過了這份工作，把碗碟統統疊起來。爸惦掛著我的轉學問題，就說：

「之蓉，你二姊剛到，而且，因爲她想讀點書，準備轉學考試，所以今天還是你去洗吧！」

「啊呀，爸，你怎麼這麼說？這是二姊自願的，又不是白洗的，洗一星期碗，媽給五十塊錢。」之蓉是個快嘴姑娘。她穿著紅毛衣、大花裙，說話和動作都是粗線條的。

爸似乎有點尷尬。我慌忙說：「沒有關係，我喜歡洗碗，飯後活動一下也好，我倒不是想跟之蓉搶工錢！」

「嘿，二姊，你說這話可要算數，工錢仍然是歸我的啊。」之蓉用雙臂往我肩上一壓，差點兒把我按得蹲了下去。「二姊，你眞是一個大好人！」

爸還是不放心，他催著之菫幫我移椅子，抹桌子，又幫我把一部份碗筷拿到廚房的洗碗槽裡。我反而安慰他：「爸，我很好，你去客廳裡跟媽聊聊天吧。」但他還是不走，卻打開櫥門，這兒看看，那兒瞧瞧。他說他要認識一下「環境」，直到我收拾得差不多了，他才走到客廳去。

等爸在客廳裡坐下不久，電話鈴就響了。這時，我剛擦乾手，走出來。我猜測是媽的朋友來約她打牌。果然沒錯。媽拿著聽筒，遲疑了一下，然後看看爸和我，說：

「老馮，抱歉、抱歉，今天恕不奉陪了。家裡有客人。」

「………」

「什麼客人？哈哈，先生和女兒。剛從鄉下來，不也像客人！」

媽掛斷了電話，走到爸的身邊坐下來。「長勛，今天我回絕了所有的約會，專跟你和女兒談談；這樣，你們總不能說我不陪你們了吧？」臉容非常正經、非常鄭重，眼睛望著爸，又望著我。爸忽然什麼話也不說了，而我，也同樣什麼話都說不出來。當然，也沒暗示我們需要床舖和書桌了。

在那兩天裡，我心裡一直很不安、很紊亂；像住在旅館裡似的，心一直懸著，讀不進書。考試那天，我突然想開了，變得平靜而鎮定，反正事不由人，縱使考上的是夜校，也得去讀。我又沒有大姊那樣好的運氣，一直住在台北，一直讀最好的初中、高中。要是我也一直在台北唸書的話，那末，憑我的努力與勤奮，可能也會很出色。不過，在我這樣想時，我感到很對不起爸。爸除了頭痛時需人服侍之外，總算是克盡父職的；單說這次轉學考試吧，還有誰比他更關心的？

爸陪我去考試，考完的第二天，他又回岡鎮去。他還有許多事要辦。之堇高興得整天去逛街，而我也就更感到無聊了。向大姊問北市中學的近況，她一口咬定，除了她就讀過的那所最好的女校而外，其餘都不値一提。於是，我看之蓉整天閒蕩，也不是事兒，就順便問問她的作業，但她卻回說，有大姊在，不用我操心。兩枚釘子，碰得我啞口無言。

在未考之前，我本已把轉學考試的事看得很輕淡，可是家裡的情況卻逼使我感到孤獨。在一種什麼都抓不住的空虛下，等待放榜竟又變成一種負荷了。或許爸知道我的心境，所以雖在岡鎭，卻仍不時寫信給我，探詢消息，連同慰勉。當然，這些信是附在他給媽的信中的。在給媽的信中，爸敘述他在岡鎭的種種：朋友們的餞行啦，舊傢具、舊衣物的處理啦，行李的捆綁啦；還連帶詢問：院子裡有幾株種了才一、兩年的花木，要不要掘來作盆栽，等等。媽看了，總皺著眉，說：「怎麼，你爸怎麼現在變得那麼婆婆媽媽了？這麼芝麻綠豆大的事，也要囉囉唆唆地寫滿一張信紙。我要知道的是女佣的消息，他倒反而隻字不提。女佣走了一個多月了，新的還不知道在哪兒，怎不急死人！」

雖然大家都在為女佣的事煩心，卻沒有人建議家務應由各人分工合作。我看得很清楚：大姊從來不曾做過家裡的事，現在也同樣不想做。要想在台北待下去，那末，大姊的特殊地位，我一定得承認。之蓉、之菫往外跑的時間要比獃在家裡的時間多，因而，不管我願意也好，不願意也好，我非得把家務接過來不可。早上，大家全吃麵包、牛油和牛奶，那很簡單。這時，媽把一張百元大鈔放在飯桌上，說：

「之茵，菜場就在附近，你有空去看看，有什麼菜，買些回來。」

衣服每天請人洗，拼花地板每隔一個星期請人打一次蠟，平時，我只掃掃就是了。媽看到我做事滿俐落，就說：「之茵倒能幹，看來，這十年中，長勛可要比我舒服得多了。我這兒，之荷可是茶在手裡、飯在口裡的。」

大姊就在旁邊，聽了這話，生氣了：「媽，你怎麼可以在妹妹面前派我的不是？」

媽只好陪著笑臉：「我還得補充一下：之荷是不得已，因爲她把所有的時間都花在讀書上了。」

「但是，媽，」大姊還是不滿足。「有些人，即使把全部的時間都花在讀書上，也不見得讀的好！」

「當然，當然！」媽應著。

我早知道媽的交遊很廣。有時，晚上，她雖沒有出去打牌，但家裡還是來了客人。大姊躲到房裡去看書，之蓉、之堇卻乘機溜了出去，只有我忙著倒茶遞煙。那幾晚來的四位客人全是中年以上的男性。一個戴金絲邊眼鏡的是退休了的省中校長田談書；一個穿得很講究、很整潔、鬍子刮得精光、頭髮搽得油亮、混身上下纖塵不染的是西藥房老板馮頌西。其餘兩個是開貿易行的黃大業和趙永吉。當然那時，我還不認識他們，我只是把茶沏好了，端過去，一杯一杯地放在他們面前的小几上。端到田談書校長的面前，他對母親說：

「喂，徐主任，你前幾天還在大訴僱不到女佣的苦經，現在，這個小下女是從鄉下請來的吧，很不錯呀！」

母親望著穿著一身舊洋裝的我，不好意思地說：「田校長，她是我的次女之茵，從鄉下來台北還沒幾天，以前一直跟著她爸。」

那老校長自覺失了言，額上頓時冒出了汗。他掏出手帕來擦擦額角，又摘下眼鏡，用手帕抹抹鏡片，一邊不住地喃喃：「哎哎，我早知道這副眼鏡有了問題。哎哎，今天叫我看錯了人。不會生氣吧？你叫之茵是不是？沒記錯你的名字吧？」

「沒有。」我笑笑說。我的確沒有生氣。那退休的老校長是位可愛的長者。他有一頭閃亮、高潔的白髮。笑起來時，一口假牙很白，沒有一點兒被煙油污染的斑漬。他以前一定是位好校長，我想，至少現在看來，他是這樣。

「你該有十八歲了。」田校長戴上金絲邊眼鏡，重新端詳我，這一次，他再也不會失眼了。「照你的年齡看來，你現在應該讀高三了，對不對？」他喜歡謙遜地用「對不對」三個字，來彌補他剛才無意中對我的刺傷。

「是的，我剛考過轉學考試，田伯伯。」

「那末，你也要在台北住下來了，對不對？你爸爸呢，沒有來，對不對？」

「我爸在辦理退休手續。」

這時，母親接過去，說：

「田校長，長勛認爲久住在鄉下小鎭裡，沒有意思，不如提早退休的好，所以，不久，他也要住到台北來了？」

「我贊成。」田校長說，「這樣，我們的陣容裡不是又增加一員大將了嗎？之茵，你知不知道，你爸在大陸上，當過中學的國文教員？」

「彷彿他曾提起過。」

「頂括括的國文教員，之茵，」田校長加重語氣。「眞的是頂括括的！」

貿易行的趙老板用手彈彈沙發的扶手，嘲諷地說：「那末，田校長，你是有意把莫先生也拉進你的『百年計劃小組』裡去？」

田校長霍然像隻受到了襲擊的稻田裡的青蛙，氣鼓鼓地，「趙老板，我要警告你：我可不允許你用這種經蔑的語氣來談論我的那樁神聖的事業！我田談書一生致力教育，現在雖從公立中學的校長職位上退休下來，但可沒有人能夠阻止我倡導私人興學啊！」

「沒有人阻止你，」那位整潔的馮頌西說。「我們都支持你的理想、擁護你的理想，而且，我認爲既然是百年大業，那末，籌劃工作就不妨做得周密一點，時間自然也不妨放長些，譬如：十年，十五年。」馮頌西說著，文雅地擺擺手。「聽我說：跟百年比起來，十年、十五年又算得了什麼？這將是一所最好的中學，因爲有最好的校長和最好的老師！」

田校長像孩子般地微笑起來。我很少看到過老人有這樣的微笑；鏡片後面的眼睛忽然變得年輕而熠爍，彷彿這個理想是隻伸手可摘的蘋果；而他，又不過是個才二十出頭的年輕人。

他望著我，說：

「之茵，五年之後，你也會是個最好的老師，對不對？我們不計名利、不計毀譽，因爲我們的工作不是——」

「不是商業性質的。」我說。

「對，你是個聰明的孩子，你會轉進很好的學校的。」

突然，喜悅湧進了我的心裡。好些天，我都不曾這麼歡樂過。這倒不是因爲那位田校長鼓勵了我，而是在求學年齡的我，這幾年來，雖只讀過幾所學校，但卻已親身體驗到校長的八面威風、女教官的變態的兇狠以及大部份老師的惟利是圖。在私立學校跟補習班可以美媲商店的現代，難得有這麼一位理想主義者，超然拔俗，給我們年輕人以無限的希望。

第五章

終於，轉學考試放榜了，果然，不出所料，我被錄取在某個私立高中的夜間部裡。

那天，母親的臉色好難看，大姊的話語很冷冽，之蓉幾乎有點幸災樂禍，而之菫則是無動於衷。我本想解釋一下：要是我能像一般人那樣，早作準備，對各門課程都溫習一遍，那樣，至少可以考上那個私立高中的日間部；但這樣一解釋，媽準會劈面把話頂過來：那要去問你爸爸；爲什麼他不早作決定？我已經夠難受了，我不願再叫爸憾悔。

縱使這樣，但爸的快信在翌日就到了。勸慰揉和著慚愧。第三天上午，他本人也跟著來到。他衝進屋子裡，那副焦急勁兒，還以爲我在傷心地啜泣呢；瞧見我正在安靜地背誦唐詩，他便鬆了一口氣。

「之茵，爸的信你收到了吧？這一次，是爸不好……」

「爸，別這樣說，只要有你的鼓勵與愛護，請相信我，今夏，我還是考得上大學的，雖然不可能是很好的大學。」

爸點點頭。他知道我並不笨，也知道我並不懶。他走到之蓉的凌亂的書桌前，隨便翻翻看看，就皺起眉，用手指敲著桌子：

「我也太大意了，你早該有張書桌的，爲什麼不早說？」

「之蓉假期裡沒有看過書，我正好借用她的。我想，岡鎮的家裡還有舊書桌，以後可以帶來派用場。」

「那兩隻太小、太低了。我已經把它們送掉了。我先給你們買兩張書桌和一張雙層床來，叫之荷和之蓉把她們的書桌移到她們的房間裡去，哪不是很簡單嗎？」

那天，晚飯以後，爸就吩咐她們兩個照著做。大姊坐著不肯動，但當之堇幫著之蓉把書桌連抬帶拖地走向另一間臥室去時，大姊卻倏地站起，衝到門邊，高聲嚷：

「之蓉，我不許你把一大堆邋邋遢遢的東西，往房間送，你搬回去！」

之蓉歪著頭，漫不在乎地說：「大姊，那可沒有辦法，要不，二姊和之堇住在那兒呢？」說著，推開大姊，把書桌往房間裡塞；這時，那隻竹製的筆筒就從桌面上滾下來，而毛筆、水彩筆、鉛筆、原子筆，以及不應該屬於筆筒的畫眉筆、鉤針、鉗子等等就全散落在地上了。

大姊跺著般，尖叫著：「你這個笨蛋、獃子，我說過了，不要搬進來。現在把東西撿起來，搬回去。」

我幫同撿拾各種東西。之蓉仍是平日那副調調兒：「大姊，要搬回去，可辦不到；你的那張，要不要我們代勞？」

「我偏不搬，我要房裡乾乾淨淨的。」

爸走過去，和顏悅色地勸她：「之荷，你聽爸說……」

「不要說了，我全知道，因爲之茵和之菫來了，房間不夠用，可是爲什麼要來？我們這兒安排得好好的，她們一來，全攪亂了，我不喜歡她們來。」

「之荷，你說這種話，書讀到那兒去了？她們是你的妹妹，這兒是你的家，也是她們的家。你不能把她們看作外人。」

「我就是不喜歡她們。土頭土腦，小家子氣，下女胚子。我要是喜歡她們，寒暑假裡，早去岡鎮玩了。」

爸的臉脹得通紅。他奮力跟那隻已舉起來的右手抗拒著，最後還是把右手彎向自己，擰著自己的前額。這時，媽就挽著皮包，從臥室裡走出來了；她戳戳爸，說：

「長勛，你也太愛嘔閒氣了。孩子們的事，由孩子們自己去解決好了，你何必插手？我看，你還不如自個兒找些什麼消遣、消遣。」媽很自然地出去打牌了。她的皮包裡放著鑰匙；每天晚上，幾點回來，只有她自己清楚。

書桌僵在那兒。大家也僵在那兒。之蓉第一個不耐煩了，她尖叫著：「只爲了一張書桌，就煩了半天；其實，我根本就不要書桌。我到飯桌上做功課好了，這書桌就讓給二姊吧。至於大姊，她喜歡整潔，那就把她自己的書桌搬到房裡去，我的搬回來，這樣總解決了吧？」

除了這樣，也沒有別的辦法。爸捺住性子，什麼話也沒說。我惟恐他的老毛病又發作，便趕緊拉著他，到巷子裡去散步。

「明天就要上課了，」我說，「不知道有些什麼事情應該特別注意的，爸？」

「安全。」爸說。「安全第一。不要迷路，不要撞車，不要受人欺騙，不要被人欺侮，這都是安全。」

「是的，」我說。過一會，我又忍不住問：「爸，你認爲大姊剛才的這種態度是應該的嗎？」

「事情已經過去了，不要再去想它。」

「爸，我只是想知道，是她的錯，還是我們的錯？」

「之茵，她的個性跟我們的不一樣，我們一定得原諒她。一個人能夠容忍別人、寬恕別人，總是好的。」

「爸，不論是沈伯母，或者是沈千甫，都說大姊很不講理。你就不能糾正她嗎？爸，你是不是應該跟媽談一談大姊的事？」

「唉，難道一株盤曲的榕樹盆景是短時間造成的？之茵，恐怕爸的力量已經不夠大了。」

他停下來，凝視著夜空。星星還是很美、很美嗎？我想問問他，可是他的神情很沮喪。他想的彷彿已經不是關於大姊的事情，而是別的許多許多事。「我明天又要去南部了。這一次再來時，要把許多東西都帶來，但這些東西値不値得帶來？該不該帶來？別人歡迎不歡迎？唉，我自以爲很細心，但這次仍舊考慮得不夠周到。」

「爸……」

「有些事，假如想得很美，總是會失望的。」爸說這句話時，想的彷彿又不是傢具、衣物，而是別的更重要的東西了。

第二天，想到要在晚上去上學，恐懼與落寞便塞滿了我的心頭。白天是無限的長，幾乎都在等待中。大姊、之蓉和之董都已去學校，附近似乎看不到一個跟我年齡相若的女孩。我強烈地感到我是被所有的人遺棄了；我正置身在荒島上，而市囂便是撞擊著島嶼四周的波濤。但夜晚卻又來得這麼早、這麼快、這麼悽切。當家人圍桌進食（那熱氣騰騰的飯菜是我做的）時，我匆促出門，也聽不到一句叮嚀和一聲再見。外面的街燈蒼白著臉，冷眼俯視著我惶恐遲疑的步履，茫茫的感覺倏地揪住了我，宛似這種愴惻就是我此後生活的縮影。我莫名其妙地抓緊了書包。我一向自認很堅強，然而在沒有愛我的人的支持下，我又何其軟弱啊！兩滴眼淚不自覺地溢出了眼角，我伸手到外套口袋裡去摸索，掏出來竟是爸的大手帕——啊，親愛的爸爸，難道今天早晨你在離開台北之前，就料到我此刻的孤孑了？你是想以這塊柔軟的大手帕來加強我前進的勇氣？

學校在市郊，並不很近，又因爲只去過一、兩次，也不很熟，加上夜色的掩翳，使這段路程在我心裡上平增了好幾倍。我乘上巴士，就如搭上探險船那樣，左枴右轉，一切聽憑司機的航駛。半路上陸續上來了好些就讀該校夜間部的學生，我放心了些；至少，我不會到站不知下車。

入學的第一晚，因爲我是班上惟一的一個轉學生，所以也最受人注目。後面的幾個女同學，一直在竊竊地談論我。談論我臉上的雀斑？我頭髮的平直古板？我衣裙的過分保守？還是我態度的不夠大方？下課時，她們故意從我旁邊踏著步子走過去，或者故意在我身上挨一下。我總是裝做木頭人，一直保持著沉默。放學前，在整理書包時，我發覺不知什麼時候，有人在我國文課本裡夾了一張字條：

莫之茵：放學後，我們在大門外等你，一同乘車去圓環，請你吃宵夜。如果你願意做我們的朋友，請不要拒絕。

你的幾位女同學。

拿著這張字條，我直發楞。怎麼辦？答不答應？馬上要我決定，連找個熟人商量一下的餘地都沒有。按說，我既然進了這個學校，當然不希望陷於孤立。交幾個朋友原是我所企盼的，然而，我卻不喜歡濫交朋友。我喜歡經過認識、選擇，而後結爲深交。但今晚，連約我去消夜的是些什麼人，我都不知道。是出於善意嗎？放學已是很晚，吃了宵夜，要到幾點才能回家？

回家？回家看到的還不是媽和大姊的冷面孔？而媽還說不定在不在家哩！

這樣想著，我心裡便輕鬆多了。我把書本統統塞到書包裡，自自在在地一直走到大門外，看到有三位女同學正聚在那裡，我向她們笑了笑，有一個便朝我走過來。

「莫之茵，你看到那字條了？」

「是的。」

「你答應我們的邀請了？」

「是的。」

她一揮手，其餘兩個也過來了。我看出她們並不是剛才一直在談論我的那些坐在後排的同學。當有一個拉住我的手、往巴士站牌走去時，我說：

「我想問問你，你們爲什麼要請我的客？」

「沒有什麼用意，我們今晚本來是打算去吃宵夜的，看到了你，所以順便邀你湊個熱鬧。」那個白皙靈巧的小美人說。

「你看來是個很不錯的朋友，我們不願別人先把你搶了去。」胖娃娃似的女孩透出了口風。最晚開口的是那個長得最壯健、最高挺的白楊。她的語音低沉而緩慢：「莫同學，我們不勉強你，我們最不喜歡勉強別人。你是從鄉下來的，我們以前也是從鄉下來的。老實、認眞。但老實人在這兒卻幾乎站不住腳，認眞讀書的，考試的成績也未必比那些搞傳遞、夾帶的同學高。你在這個學校裡讀了一段時間，就會知道這兒沒有所謂公平競爭。你繳了學費，準能混張文憑，如此而已。有時，你遲到早退，誰也不管！」

我渾身冰冷，猶如誤入一家黑店一樣：「難道校長和老師就不想把學校辦好，他們爲什麼不處罰那些壞學生？」

「嘿！那有這麼容易？你就不怕他們給你來個白刀子進、紅刀子出？而且，在這班人當中，也有不少父母是有錢、有勢的呢！所以，大家就只好睜一隻眼，閉一隻眼；反正混口飯吃，認眞幹嘛？校董也是，辦學本來是在賺錢，認眞幹嘛？」

「那末，倒楣的就只有我們這些還想讀點書的學生了。」我想起了那位退休的田談書校長；如今，抱著像他那樣理想的人，可不多了。

「可不是？誰叫我們倒八輩子的楣，考到這兒來！現在，我讀書的興趣早就大大減低了。上大學，休想！以後找個人，結婚算了。」小美人一派悲觀的論調。

雖是冷夜，圓環挺熱鬧。我們在一個小攤前坐下來，吃牛肉麵。隔壁是賣當歸鴨的，蚵仔麵的，那邊是賣豬血湯、豬腸粉、肉粽、蘿蔔糕的。各種小吃攤擠在一起，好暖和，好熱鬧！我們決定每次換一家，吃他個遍。

吃著熱食，心裡陰冷之感也就驅散了不少。剛才的一席話，縮短了我跟她們之間的距離，我已默認她們是朋友了。

吃完宵夜，我們就在圓環分手；時間已經很晚，大家都急於趕回家去。天開始飄起細雨來。台北下雨，太平常了，我毫不在意地跨上了公車。下車時，雨卻落得更大了，我只得頂著書包，跑到家裡。這時，媽仍未回家。大姊在看書，之蓉、之董在看電視。我悄悄地換下了溼衣服，把它們掛到後陽台上去。我只覺得很累、很累，大概第一天去上課，太緊張了。

然而第二天早上，我才發覺是因受寒而感冒了。鼻子塞，喉嚨痛，接連打了幾個噴嚏。大姊連忙躲開了我，宛如我是一個白喉患者；媽只掃了我一眼，似乎我在故意擾亂早晨的清靜；之蓉和之董根本什麼都沒注意。我頭昏腦脹地做著家事；灌熱水瓶時，差點兒把滾水澆到腳背上。早餐時，只喝了一些牛奶，連一片麵包也嚥不下去。

「之茵，」媽說，「你昨夜是不是沒有睡好？」

「不是，是因爲……」

「菜錢放在這兒，等會兒你去菜場看看，買些什麼新鮮的菜來。」

我想說，媽，你沒注意嗎，我混身都沒勁；我想說，媽，你向公司請一天假吧，要不，半天也好，我病了，你陪陪我，就像我幼年生病時你留在我身邊的那樣。我還需要你的愛護呢。媽，難道你竟一點也沒發覺？難道這十年的隔離是這樣地殘酷？

但我什麼也沒說。我的舌頭已經變得很不靈活。當我熱切地用期待的目光望向媽時，接觸到的卻是她漠然的臉。我恨自己爲什麼不使一下性子，甚至把她激惱了也好。那樣，許多躲在暗處的事情就會全部攤開來，而許多問題也或許就因此獲得了解決。但也有一個可能：不僅問題無法解決，反而使箭頭轉向爸——爲什麼他要提早退休，把兩個已經交給他撫養的女兒帶到台北來！

我駭怕。我倒不是駭怕自己可能挨罵，而是駭怕爸可能受辱！

八點半後，家裡的每一個人都走了。一屋子的岑寂與一身的昏憊包圍著我。我呆了一會，然後還是支撐著去買菜，順便買了治感冒的藥。回來家裡，服了藥，睡了一覺，仍然覺得暈眩難當。中午，大姊、之蓉、之菫都沒回來。媽那天有朋友請客，打電話通知我，她不回來午睡。因此，我自己只灌下兩杯溫水，又想繼續睡下去，但電話鈴響了。一定是打給媽的。

幹嘛不打到她的公司裡去？我躺著不想起來。然而，約莫刻把鐘後，電話鈴又響了。我只得撐著起來，順手把毯子帶到長沙發上去，半躺著，接聽那個不受歡迎的電話。

「喂，是的，這兒是徐公館。徐主任不在家。你要找她，可以在傍晚六點左右打電話來。」我一開頭就回絕了。

但那邊說：「我不是一定要找她，我要跟她二小姐莫之茵說話。」

我嚇了一跳；手本就軟弱無力，此刻更是直打哆嗦。打電話的是個年輕男人。是不是我們學校裡的太保學生？他怎麼知道我媽姓徐？是不是他們這種人每一個都是包打聽？

我搗著鼻子，回說：「對不起，她在睡覺。你是她的同學？」

「不是，我們是朋友。我叫沈千甫。我等會再打電話——」

「喂，喂，等一等，我就是莫之茵！沈千甫，你怎麼不早說？我聽電話本來就緊張，根本辨不出你的聲音來，還以爲是不良少年打來的呢！對啦，你怎麼想起打電話給我的？是不是因爲看到錄取名單？考得這麼慘，眞見不得人！昨夜我去上課，情形不容樂觀。你問我白天是不是在家用功？不瞞你說，我今天生病。家裡連一個人都沒有，心裡好難過，眞想哭一場……的確，想哭一場……」說著，說著，我握著話筒，就嗚咽起來，一邊卻仍斷斷續續地說：「千甫，我等一會就會好的，你別爲我擔心。星期天來不來這兒？我現在住在這兒好孤單，比十年前媽剛離開岡鎭時還孤單。不過，你別爲我擔心，等我好一點了，我就會堅強起來的。」

「之茵，你哪兒不舒服？你好好躺下來，好在今天下午我沒有課，我馬上來看你。」

「你別爲我擔心，等一會，我就會好的。千甫，你別爲我擔心，我已經哭出來了，也就好多了。」

那是眞的，我哭過之後，心裡就舒暢了不少。是的，我是早該哭一頓的，只是在毫不關懷我的人的面前，我的淚變成了冰，無法融化。但沈千甫還是來了。看他那副氣急敗壞地跨進屋來的模樣，我眞感動。他替我量了體溫，證實我的溫度的確不算高時，這才鬆了一口氣。

「你今天吃過些什麼？」他問我，彷彿他是一個醫師似的。

我搖搖頭。

「那末，我替你下一碗速成麵。」

我笑了起來。一個從未下過廚房、從未做過家事的獨生子，他會嗎？即使是最最簡單的。但他卻湊近我，說：「你別笑，先看我顯一下身手。」

他眞的煮好了麵，只是差點兒把一隻湯碗砸破。我也確實餓了。他看著我吃，很得意，一面天眞地說：

「媽老誇說你能幹，會燒菜，會理屋子；想不到今天倒反而由我來照顧你。」

我嘆息了一聲：「唉，英雄只怕病來磨，就是這麼一回事。不瞞你說，早晨我去買菜，就擔心自己會昏倒在菜場裡。」

他的臉頓時凝重起來。他默默地把東西收到廚房裡去。

「之茵，那是不公平的。」他出來時說。

「什麼事？」

「她們這樣待你。」

「啊，」我竭力掩飾。「我想，那多半是暫時的，因爲家裡還沒僱到女傭。媽太忙，大姊太用功，之蓉和之堇太頑皮。」

「而你，剛巧太忠厚。」

「僱到了女佣，情況或許就會改變。」

「當然，以後女佣會來；但以後，女佣也會走。」他故意用咯咯的笑來諷刺我。「你可想到那週而復始的循環？」

我激動得挺直上身：

「千甫，你對我說這話有什麼用？我現在即使想回岡鎮去，也不可能了。我爸即使想回岡鎮去，也同樣不可能了。他已退休，我們非得在這兒住下來不可；這兒是我們惟一可以安身的家。這是一條獨木橋，不走也得走，除非我結婚了，我才會離開！」

沈千甫楞了一會，於是拍拍我的手：「那末，是我說錯話了，害你生這麼大的氣。之茵，我從未看到你生這麼大的氣。」

「不，不，千甫，你沒有說錯話，我也沒有生氣。你看得出來嗎，我是不敢面對現實，不敢揣測未來。」

沈千甫握住我的手：「之茵，不要這樣。你在台北才住了不久呢！是我不好，我剛才說得太過分了。今天，你不舒服，情緒自然不穩定，等好了以後，又會堅強起來的。之茵，至少，你在台北，並不如你所說的那麼孤單。我也住在這個市裡。我以後會來看你，你以後也可以來看我。」

沈千甫說起話來，有股不諳世故的坦誠，使你能夠相信他、仰賴他。身爲獨生子，他沒有染上任性、傲慢、奢侈的惡習，卻具有女性化的柔順、體貼與謙遜。從這方面看來，我那位大姊似乎比他更具備了獨生女的特徵。當我跟沈千甫正在虛心平氣地聊天時，大姊回來了。那是出乎意料之外的，她這天回來得特別早，而沈千甫本來說過，他要在她回家之前離開，現在，他是顯然走避不及了！

「啊呀，原來是千甫，剛來不久吧，怎麼連杯茶也沒給倒，我去替你倒一杯來。」大姊的假嗓子既脆又甜，臉上也笑影搖漾。我很少看她這樣對待過人。

沈千甫站起身，望著門。「謝謝，之荷，你別忙吧，我馬上要走。眞的，馬上要走。」可是大姊還是迅速地倒了一杯水，強迫地塞到他的手中。「多坐一會，難得來，怎麼可以馬上回去？而且，既然來了，就吃了晚飯再走，否則，就是瞧不起我們了。」

「我確實還有一些功課要趕，現在不回去不行。」

「別騙我了，晚上也趕得及的。對了，那一年，你考高中，伯母陪你來過一次，以後，你就再沒有來過我家。去年，有一天，我在大學校園裡看到你，大聲叫你，你怎麼不理我？」

「我不記得了。也許我正跟同學在談笑，沒有聽見。」

「嗨，你們男生……」大姊扳著臉說，但又忽然停住，笑了起來：「我沒想到你們男生也有這麼臉皮薄的，見到女生就想躲。」

「我想，男生跟女生一樣，有臉皮薄的，也有臉皮厚的；現在男女平等，沒有什麼不同了。」

沈千甫還是望著門。大姊就乾脆走過去，有意無意地倚在門邊。「好在我們不光是同學，我們還是老鄰居；說有多熟，就有多熟！你考上大學那年，我在報上看到你的名字，就對媽說，要是我們的屋子能有四個房間就好了，那樣，就可以叫沈千甫住到我們家裡來。不是嘛，這總比你住在宿舍裡的好，不論是飲食起居，或者，碰上什麼小病小痛，畢竟有人照顧。現在，我說這話，或許你不相信。」

「怎麼會不相信？我一直知道你是很夠朋友的。」沈千甫回過頭來，笑看了我一眼。大姊眞的開心起來：「我知道你會相信的。我從不說假話。媽最關心孩子們的身子。有時候，我閉著眼在沙發上靜坐，媽看到了，就會問：『之荷，你是不是太倦了？』或者：『之荷，你沒有什麼不舒服吧？』簡直有些神經過敏。」

沈千甫說：「之荷，我知道你待人好，莫伯母也待人好。以後，我一定隨時會來拜訪你們，不過，此刻，我還是要走。我確實有點兒要緊的事要趕回去。」

好脾氣的沈千甫居然堅持著他的決定。當大姊打開房門送他時，臉色難看極了。她等他走完樓梯，而且猜測他已經走出大門時，她退回來，砰地一聲闔上了門，向著我、向著房間怒吼：

「不識抬舉的東西！他神氣個屁？如果我不念以前的交情，早就當面把他轟出去！嘿，他眞以爲自己是獨生子嘛，我看倒像是個給人撿來的私生子！」

「大姊，你怎麼能這樣損人！」

「損了他又怎樣？損了他，你不服氣？噢，我想起來了，他今天來我家，是來看你的。你們在鄉下這麼多年，才眞的是夠交情的。喂，你喜歡他，是不是？可是已經私訂終身了？」

「大姊，你可不能這麼胡謅。你話裡不是暗刺，就是明箭，我做妹妹的怎麼承得了？」

「哎，你這算什麼話？我哪一點虧待了你？我早看出來了。你來台北以後，覺得家裡的人，個個不順眼，家裡的事，件件不稱心。媽不好，我不好，之蓉不好，你一個人最好！」

「我從來不存這樣的心。」

「那末，爲什麼家裡的人全很高興，獨獨你落落寡歡？你覺得鄉下比這兒好，可是，我們並沒有發大紅帖子請你來，是你自己要來的。」

我閉上眼睛。我眼前的彩色光球在迴轉、迴轉，轉成一個大漩渦，似乎要把我捲進去。

我吶吶著：

「是的，是我自己要來的，因爲——因爲——」

因爲父親希望我們能夠享受天倫之樂——享受一個完整的家所應有的溫馨。

第六章

父親回北時，看到我，劈頭就說：

「之茵，你怎麼啦，瘦了好多！」

父親的眼睛很亮，愛的觸鬚尤其靈敏。小卡車停在底樓的門前，當工人們忙著放下車欄，開始搬抬物件時，他仍沒有忽略我的蒼白。我若無其事地笑笑，緊跟著工人走到屋裡去。搬來的東西不多，五箱書籍、三個被包、三隻皮箱、電風扇、檯燈、小橱、玻璃器皿、盥洗用具、洋傘、皮鞋……只這麼些東西，就擺滿了客廳的地上。付清車費，車子開走了，父親就在這些東西之間走來走去，於是，回過頭來，自嘲地說：

「你看，之茵，爸半生心血和光陰，換來的只是一堆不值錢的破爛，眞如你媽所說，太無能了。幸而，我在行前，算好了時間：讓卡車大約在下午兩點半左右到家，那時，你媽已去上班，不致看到這副光景，否則，她可眞要大發脾氣了。」

「我想，要發脾氣的，可能還有大姊。」

「哈，那就更糟了。之荷身子單薄，光過火後，說不定還會惹起一場病，那筆醫藥費也許就超過這堆破爛，那簡直是得不償失，枉搬一場了。哈！」父親在風塵僕僕的辛勞下，不忘給自己製造一些幽默，但那幽默卻是太蒼白、太無力了。

我說：「爸，別猜想這些了，我們兩個先把東西安放好要緊。」我說著，去搬一隻皮箱，父親擋住了我。

「之茵，你先把重的東西放著，揀輕的拿，我這次回來，馬上就看出你生過病了；是不是吃壞了肚子？」

「不是，只是得了感冒，馬上就好了。」多日來，我不是渴望對爸一訴委屈嗎？可是此刻，我奇怪自己竟對爸隱瞞起實情來；我不願在爸困憊的心靈上再添加一些煩擾，因爲才只退休，父親就老上幾歲，一如他已超過了六十歲似的。

父親先把皮箱放到母親的臥室裡，我則把玻璃器皿和盥洗用具分別放到廚房和浴室裡，然後，我們父女兩個就協力把剩下來的東西搬到朝北的小房間內：應該放在桌上的就放在桌上；可以塞到床底下的，就用垂下的被單遮住；放不下的，就擺在牆邊。安放好了，看看倒還乾淨。兩人都喘了一口氣。

「你媽很愛乾淨。」父親說，疲倦地笑了一笑，這笑但見黯淡，不見光彩，彷佛在未形成之前就已凋萎。

「大姊也很愛乾淨。」我也想笑一笑，但卻始終笑不起來。「看來，我們不是也很愛乾淨？」我補充著，給自己的困蹙來一下揶揄與撫慰。

父親望著我的眼睛。是不是我的眼睛裡有憂傷？無奈他自己的憂傷卻比我的更甚。他拍拍我的胳臂，說：「之茵，我發覺你比以前更懂事了；我不喜歡你太懂事。女孩子應該活潑一點、野一點；向之蓉、之菫學一點吧。知道不，太懂事了，不好！」

「但是，爸，我的個性跟她們的不一樣，那可怎麼辦？爸，你注意到沒有，我的個性跟你很相像哩！」

父親急遽地搖著頭，宛如我的話是幾條黏上他的臉的蛛絲，他竭力想把它擺脫掉。

「之茵，你萬萬不能像我，萬萬不能像我！」

「爲什麼，爸？」

「你看得出，我是一個無用的人。我一無建樹，不論在事業上或在家庭方面。我寧可你像你媽。我這話完全是眞的。我希望沒有一個女兒像我。如果我有個兒子，我也希望他一點也不像我。」

然而，我卻不承認爸是個無用的人。爸有多方面的才能。他寫得一手好字，雖然從不肯寫副對聯裝飾一下自己的客廳；他有一副好口才，雖然從來不曾在大庭廣衆之前滔滔不絕。他爲文行雲流水，思考縝密週盡，是大機關裡的最佳的祕書人選，雖然他始終釘死在小機關裡的一個股長職位上。

我愛爸，愛他的卓逸不群；我愛爸，愛他忠厚、寬容。

因此，我對自己說：我寧可像爸；即使我終其一生是個渺小卑微的人，我也甘願。

傍晚，媽回來，爸親自下樓，爲她開門。我知道爸的意思：他想儘快告訴母親，他已經把東西搬來了，而且也已經把它們安排妥當了。他希望她能高興、高興，情意款款地對他說：「長勛，現在，你總算安定下來了，我們一家人也可以團聚在一起了。」或者說：「啊，我嚮往這樣的生活，已有好些年了！」然後，在晚餐桌上，爲爸開一瓶高粱。對啦，我忘記說啦，爸是能夠喝幾盅的，雖然他很少買酒來喝。爸對自己很苛刻。在岡鎮的那些年中，就是在十分苦悶的時刻，他也能想出各種理由來扼制自己喝酒。最先想到的理由是：喝了酒，或許又得頭痛了，不能老叫孩子來服侍我！於是，又一個理由浮上來：縱然不頭痛，一個常常喝酒的爸爸，怎麼能把孩子管教好。然後，又想到哪個孩子或許又要買課外讀物了。於是看看報上的新書廣告，有什麼好書，匯一筆錢去。不過，在節日的晚上，爸總忍不住要喝上一些，而且也從未因此頭痛過。臉孔紅紅的他，會哼起童歌來。哼著、哼著，把我們兩個拉到他的身邊，告訴我們：他是多麼地愛身邊的兩個女兒以及在台北的兩個女兒。他是多麼地愛女兒們的媽媽。她年輕時曾是多麼地嬌美。這情景是很令人感奮的。所以對我來說，爸喝酒是件喜事，是種歡樂，是我的盼望。我轉身走到廚房裡，看看有沒有高粱。酒是有的，但不是高粱，而是白葡萄酒。我出來時，聽見爸、媽急促地走上樓來，媽的聲音比她的身子更快地衝進客廳裡來：

「你今天搬來些什麼東西，我不想管，我要的是佣人，但你卻沒爲我帶一個來。你是存心跟我過意不去。」

「琢如，你聽我說……」

「我不要聽，我跟你說過多少遍了：無論如何，你要爲我想辦法，即使出高價也無所謂。你在岡鎮住了二十年，也算是地熟、人熟了，但這些日子來，你連一個也沒僱到，這眞是從何說起？」

「琢如，你怎麼這樣不相信我？爲了女佣的事，我幾乎拜托過鎭上所有的熟人，就是僱不到一個，那有什麼辦法？一般說來，女孩子們都到外地的工廠去做工了，而且中年的又根本丟不開家。到台北來，這麼遠，不是衣食無著的，誰肯？」

「你以前不是說過，有個雜貨店的老板娘的守寡堂妹，她怎麼樣了？」媽滿不樂意地在門邊脫下高跟鞋，想換拖鞋。她把高跟鞋用力一摔，險些讓它落到玻璃面的小几上。

「本來，倒是挺有希望，老闆娘也口口聲聲地說是一定不成問題。那幾天，我天天上街去催她，她也確是到娘家去了一趟，但她回來對我說，她堂妹現在在擺水果攤，每天可以賺幾十塊錢，足夠餬口，所以就不願來了。我還說：你再去勸勸她看，但她回說，怎麼勸得動？」

「哼，沒有用嘛，連找一個女佣那樣的小事都辦不成，還提別的事？這樣說來，你在岡鎮待了二十年，也算不得委屈了你！」

爸陡然變色，彷彿頃刻之間有層石灰揚上了他的臉，那樣慘白，幾乎使我擔心他會馬上昏過去。

「琢如，你幹了十年的業務工作，果眞是練得一身好本領，喜、怒、笑、罵，全然由你。我才退休下來，縱有什麼差錯，你看在夫妻份上，也總得留一點情。這二十年來，我在那邊做事，到底有沒有受委屈，明眼人自然清楚，我可從來沒有大聲嚷嚷過。就說我這次提早退休吧，事前我也跟你商量過。我是完全爲了這個家，總覺得一家人分居在南北兩地，實在不像話！」

「是呀，你跟我商量過；現在大家住在一起，不是償了你的心願了？可是，好啦，這六口之家，由我一個人辦公來維持，由我一個人做事來侍候，難道我是三頭六臂的巨無霸？你就不爲我想一想！這樣，我能撐上幾個月？難道非逼得我辭職不成？」

我惟恐爸、媽繼續爭論下去，趕忙插進去：

「媽，你也別擔心了，反正我在讀夜校，現在家裡既然僱不到女佣，那一切就由我來做好了。」

「說說倒是容易嘛。前幾天，你就顯得懶洋洋的，滿身不對勁。燒幾隻菜，不是太生，就是太爛，誰吃得下？」

「那是因爲我感冒了，沒有力氣。今天，我完全好了；明天，我會更好一點。媽，你先喝杯茶，我替你倒一杯茶！爸，你也坐下來，喝一杯茶。你今天一大早就忙著，怕已累了。爸，歇歇吧，爸，你該歇歇了！」

爸非常困乏地笑著，無可奈何地笑著。他的臉色依然灰敗。他在一隻靠壁角的椅子上坐下來，用左手摸著額角：他的偏頭痛又發作了。

我走近他，把冷毛巾敷在他的額上。他說：「之茵，你不要管我，你快點去弄吃的吧；等會，你不是還要去上課嗎？」

「是的。」

「晚上走路要特別小心。不論是車子、是壞蛋，都要提防。」

「爸，我知道。」

「你去忙別的事情吧。我一點也不累。我很好，很好。那偏頭痛病只是老毛病，根本沒有關係。你快去忙吃的吧。」

「是的，爸。」我走到廚房，聽見坐在壁角裡的爸正在輕輕呻吟。我的眼裡便噙滿了淚水。

那個夜晚應該註定是黯淡的。我在學校裡始終心神不寧。小美人問我，是不是我接到匿名的情書了？如果是的，那一定是學校裡的男生幹的好事，因爲他們吃飽了飯，沒有事做，專找女生的麻煩。

我說不是，只是家裡的事讓人心煩，因爲今天爸媽吵了一架。胖娃娃聽了，哈哈大笑。她說，我簡直是狗捉耗子，多管閒事；我們自己的事尚且管不了，還去管大人的事？我們自己的事尚且不去擔心，還去擔心大人的事？哪個同學的爸媽不吵架？吵過了，就好了。大人們嘛，說穿了，還不是跟孩子們一樣，一會兒脣槍舌劍，互不相讓；一會兒前嫌盡釋，和好如初。而且，他們也跟孩子們一樣，愛玩、愛吃、愛穿……我媽就常爲了做衣服的事跟爸吵架。

強壯的白楊冷靜地接下去：「有時候，我覺得大人跟我們差不多；有時候，我又覺得我們根本不了解大人，大人也根本不了解我們。我們的世界跟他們的完全不同。」

我說：「我卻不這樣想。我認爲，有些大人很了解我們，而有些卻根本不想了解我們。」

小美人捲著衣角，嘆息：「我不知道爲什麼越來越不喜歡台北這個家了，我好想念北港的外婆家，雖然媽很疼我。每次，她看到我嘔氣了，就塞給我一些錢，叫我去看電影、去買新衣服，或者，去吃好吃的東西；這時，我就恨那電影，恨那新衣服，恨那好吃的東西。」

「可是，後來，你還是去看了電影，買了新衣服，以及去吃好吃的東西。」胖娃娃說。

「是的，錢放著，沒有用。我爸爸很會掙錢；掙錢是他的興趣。你不替他把錢花掉些，他就不開心了。」

大家都笑了起來，因此，胖娃娃便建議說：「既然今天莫之茵情緒不佳，那我們何不請她看場電影，給她解解悶？我們早些下課，去趕末場電影。」

我婉謝了。我說，我不要去看電影，我要準時回家，因爲爸爸今天不舒服；或許不舒服的爸爸正在等我。她們瞅瞅眼睛，嘲我是現代孝女。然而，當我回到家裡，在那兒昇起的，卻是個輝煌熠耀的夜晚。客廳裡，高朋滿座；啊，媽的世界原是不受爭吵的影響的。在五、六個高談闊論的男人之中，我找尋爸，他卻不在那兒。我猜想他已退到臥室裡，提早上床了。

於是，在這些客人中，我找尋著曾跟我談過話的田校長。

「喂，之茵，你放學回來了！」還是田校長先跟我打招呼，一派長者的口吻。我敢打賭，他是媽的朋友中最窮、最不懂生意經的。以前，要沒有一筆二十萬元的人壽保險作橋樑，他根本就不可能跟媽認識。

「是的，田伯伯，讀夜校眞不方便。」

田校長走過來，從我的書包中抽出幾本筆記簿，翻看了一會。「之茵，你的字寫得不錯，筆記也做得挺仔細；你很用功。讀夜校，付出的代價大，之茵，我認爲，讀夜校的學生就該特別用功，才對得起自己。」

這論調很新鮮，很使我感到興趣。我說：「田伯伯，如果讀夜校的學生都像你這麼想，那麼，我想，別人對夜校的觀感也就兩樣了。可惜，在我就讀的那個班上，五十二個人當中，就找不出幾個眞正用功的人來！」

「是這樣嗎？這樣說來，這彷彿又該是我追求的一項理想了。」

「什麼理想？」

「把夜間部辦得很日間部一樣好。」

我笑笑。多可愛的理想！多可愛的老人！假如他不老，那該多好；有理想的人是不該老的。

「之茵，」媽在那邊喚我。「把書包放下來，替各位伯伯重新泡一杯茶！」

我聽見有人在問媽：我是誰？媽告訴他們：我是她的二女兒，不久以前才從鄉下來的。「她很會做事，很喜歡做事，就是不喜歡讀書，有什麼辦法？所以，我也不勉強她。生就的是什麼材料，就派什麼用場。我這個人對於女兒們的教育，一向是採取放任主義的。」

媽怎麼能斷定我不喜歡讀書？難道就爲了這次轉學考試的失敗？

我並不太樂意，但我還是很順從地替他們重新泡了茶。走過房門口時，正在玩跳棋的之蓉和之堇對我扮了一個鬼臉，我也沒去理睬她們。我一直往最裡面的大臥室走去。那兒只亮著一盞五支光的小檯燈，但在那樣晦暗的光線下，我仍看得出爸那睜得大大的眼睛。

「爸，你沒有睡著？」

「我睡了一會，又醒來了。」

「你頭痛好了點嗎？怎麼不多睡一會兒？」

「好多了。我醒來一直在想：我怎麼這樣沒有用，動不動就犯老毛病，以後怎麼去做事？」

「爸，你放心；你心情好了，頭就不會痛了。這許多年來，你從來不曾十分痛快過。我不是說媽有時聲勢凌人，我是指許多許多事。你只是不說，你只是把許多事都悶在心裡。」

爸捏住我的手。「之茵，我剛才也在等你。不知怎的，我就怕你可能會出事。我這次要你轉學，眞的沒有想到你會落到夜校裡去，我心裡一直感到很不安。」

「這怎麼會？爸，我這麼大了；怎樣說，也能自己照顧自己了。你瞧，我今天回來不是挺好、挺高興的嗎？」

「呃，只要你們搬到台北以後好好兒的，這就是我惟一的願望了。」爸閉了一下眼睛，又說：「你現在跟妹妹玩一會吧，她們玩跳棋已經玩了好一會了。」

「我想還是趁早去做一點作業的好，明天我還有事呢。」

「之茵！」

「爸，你自己心裡明白，你其實並不希望我像大姊，也不希望我像妹妹。你自己心裡明白，對不對？」

爸對這沒有回答。半晌，他才低聲說：「或許，我在好些事上，都推測錯了；譬如，以前，我希望有個兒子；我那時一直以爲下一個一定是個兒子。」

「可是，爸，這又有什麼關係呢？即使是女兒，你也同樣愛我們。而且，這已是很久以前的事了。」

「是的，很久很久了。不過，你媽或許就不這樣想。倘如只有兩個女兒，那她可能就不會像現在這樣了。總之，我一個開始就錯了，因此，就身不由主地一直錯下去。」

「爸，你現在不要去想這些了。要是你眞的希望我去跟妹妹玩，那我就去玩一會。」

「我也不是這個意思，我只是希望你能高高興興，」爸停下來時，我們聽到客廳裡的談笑聲。「可能，等一會，你媽又有什麼事情要你去做。不過，明天，你不妨睡得遲一點。爸現在不必去上班，比你還閒，明天，爸替你去買菜，之茵。」

「爸！」

「爸很好，之茵。剛才爸又錯了，不該盡說一些喪氣話，以後，爸可再也不說這種話了；爸要振作起來，爸還要去找事呢！」

「當然，爸還沒有老。」我說。

媽又在喚我。我回到客廳去。沒有什麼大事，只是半杯茶潑倒在小几上，叫我拿抹布去擦一擦。有人問媽：

「徐主任，這次莫先生退休下來，一定是想在台北重展長才吧？」

媽笑著：「想是這樣想，還不知道呢。這一陣，他累了，先休息再說。總之，還不急。」

田校長岔進來說：「說不定，莫先生願意跟我合辦學校。你們還不知道，以前，他曾是一位頂括括的中學老師啊！」

大家全笑了；看來，大家對他的理想都是一清二楚的。

「你們笑什麼？這是一件極端嚴肅的事。有錢出錢，有力出力。如果你們有錢，請爲我那所未來的學校捐些出來！」

「那還用說？等你的那所學校的校舍建起來了，我們每人捐二十萬！」

「爲什麼不現在就捐？」

「這是我們的條件。我們總不能沒有條件吧。」

只要有田校長在，這件創辦一所理想中學的事始終成了一個被討論、和被調侃的話題，而田校長也就成了一個現代的吉訶德先生。

客人在十一點多離去，媽打著呵欠去臥室。我把門窗關好，又檢查過煤氣爐。現在，這是我的工作，也成了我的責任。

第七章

我一再提醒自己：我要搶在爸起身之前起床，可是，大概我是眞的太累了，第二天起床時，爸已在廚房的爐子上熬稀飯了。他笑著叫我再去睡一覺，八點多醒來時，將會發現他已買好了菜。他說得這麼平淡，但卻令人感動。我楞了半晌。難道這就是他退休的夢嗎？但他繼續對我解釋：這算不得什麼。他希望藉此熟悉熟悉四周的人。他要爲他的未來舖路；這是第一步。

有這樣一個嚴肅的理由，因此，他不允許我跟他「爭功」。只是有時，我仍然醒得很早。我傾聽著。爸大約在六點左右走出房，在陽台上站站、走走。那時的台北仍是一個靜的世界，使你想起了鄉村，想起了許多美好的往事，而且使你察覺：「靜」在台北是一種享受，使你在靜中找回了自己，肯定了自己的存在。在陽台上，爸的愉悅多於悲哀。昨天的感傷還未襲來，今天的煩惱猶在遠處。他感到自己並非如此渺小、卑微。如果要爲爸的情緒畫條曲線，那末，早上便是山峰，深夜就是狹谷。晚上，當他獨坐時，他想的多半是些黯澹的事——今天的奔波與挫折，往日的顚蹶與失意；不管是新的或者是舊的，都奔騰而來，蹂躪著他的身心。

「之茵！」這時，爸會喚我。

我把一條冷毛巾敷到他的額上。他的偏頭痛猶如一個債務人，總會在他狼狽的時候猙獰地出現。

不過，這大半是在我夜晚放學回家之後。當我追隨著黃昏前去上學之時，他拉正我制服的領子、撫平我匆忙梳理的短髮，彷彿我還是一個十歲的小女孩。爸總是面帶笑容，送我到站牌邊。他清楚我需要鼓勵，因爲我是一個可以成爲十分堅強的女孩，卻也是一個可以成爲絕對軟弱的女孩。

「之茵，你的功課怎麼樣？」

「很不錯。爸，我快成了全校最注目的轉學生了——一個意外，成績遙遙領先。」

爸說：「我知道你會這樣的。在你未進校門之前，我就有這個把握。我知道你是最乖的女孩。」

我轉過臉去看爸，他的眼神中不含一絲虛假。他對我的愛心與信心，是我勇氣的泉源、前進的動力。在衆多的嘲誚中，我只要記住他的一句叮嚀！

「之茵，我也眞想如你那樣，到學校去。」爸說。

「那好極了，爸，你反正沒有事，就跟我一起上車，去那兒走走吧。」

「我不是這個意思。我是說，我多希望我能像有些老爸那樣，丟下家的擔子，重過學生的生活。」話語蒼涼而無奈，似一股晚風拂過我的臉，頓然使我有一種惶悚之感。他發覺了，馬上拍拍我的肩膀，把我推前一步。「別聽爸胡說八道。爸是跟你說著玩兒的。車快來了。你在路上千萬得小心啊！」

爸每次送我上車時，彷彿總把我當作了前去天涯海角的遊子。我在車速的顛簸中，老覺得車窗外貼著一個落寞的老人。在台北的兩個月中，爸的工作並無著落，那是想像和現實的距離。他沒有跟我細談過他的種種挫敗，當然，他更沒有跟媽談過。如今，媽是只願聽取勝利、而不願談論失敗的。平日，爸在八點半買菜回來之後，休息一會，就開始整理儀容；等到九點半，這才出去。他攜帶著他的那隻黑色化學皮的小公文包，裡面裝著從報上剪下來的求才廣告以及他的簡歷表、半身照片、身份證、私章、原子筆和老花眼鏡。他最先去拜訪的是些徵求祕書、總務或人事主管的公司。他的學經歷、能力使他認為自己是最好不過的人選。公司的發展和他私人的發展將會成為連在一起的兩個母子環。如果要他當場擬訂計劃，他也可以寫出一個洋洋洒洒、長達幾千言的方案來。可是，他在小鄉鎮上獃了足足二十年，他一直擔任著小機構裡的小股長，這兩件事實就否決了他隱藏的才幹。對方沒有明白指出來的意見是：在小鄉鎮上住了這多年的刻板的人，在商場上能有突出的貢獻嗎？在同一崗位上呆了這麼久而迄未升遷過的人，眞會有才能嗎？因此，眼看好多不錯的工作機會都在期待中飄走。有時，他中午並不回來吃飯，因為下午還得前去應徵另一處的工作。他選了個小飯館，吃了客經濟便飯。習慣地把手摸到前額上，再往後一推，嗯，額角是越來越高、越闊了，頭髮是越來越稀少了。肚子空著，一盆炒飯擺在面前，但卻胃口全無。下次該吃碗湯麵，或者來碗餛飩才對，但下一次依然吃不了多少。是不是跑得累了，還是在生自己的悶氣，胸口老是結著一個疙瘩。回家的腳步也跨得很緩、很小，碰到熟人時，還裝著笑臉，說：「春天了，能到外面走走，眞好！說眞的，我是鄉下人，在屋子裡待不住。」都市裡大家都忙，誰也不會刨根挖底地盤問你。一句謊話瞞過了別人，卻瞞不過關心他的女兒——我。每次，他回得家來，我為他遞上拖鞋時，我感到爸在外面不只走了一天，而是走了一年！

然而，對他來說，家是一個休息的終點嗎？

我一直望著貼在車窗上的爸的形像，忽然有人擠過來，喚了我一聲：

「莫之茵！」

我一驚，好似有人猛地從我面前把我爸拉走一樣，可是看清楚是誰之後，我就笑了：

「千甫，你是從哪一站上車的，怎麼我沒瞧見你？這會兒你上哪兒去？」

「剛上車不久，看你拉著車環，一個勁兒地在想心事，是不是在功課上遭遇到困難了？」

「才不是呢，只是在惦著爸。最近他的心緒很差。」

「伯父找到了工作沒有？」

「沒有啊。想得容易，做起來可不簡單。我寧可他在小鎭上，雖然有時顯得很寂寞，卻從來沒有這麼沮喪過。」

沈千甫沉吟了一下。他也望著車窗，彷彿他已把我爸的身影拉了回來。他說：

「之茵，那時，我爸在家裡也曾說過，台北有許多事等著人去做，但可能就輪不到他們這批上了年紀的人。人家看到你頭髮白了，看文件、表格得戴老花眼鏡了，心裡就冷了半截。」

「這個，這個……可惜爸早先沒有聽見沈伯伯這麼說。」

「唉，當時，我也覺得爸的論調太悲觀，我稱這爲『心理老態』：看到兒子大了，就認定自己老了。」

「我一直相信爸的才能不在別人之下。」

「可不是，你、我都相信，但別人呢？現在，倒有一件工作是輕而易舉的。」

「什麼工作？」

「做家教，」沈千甫自嘲地打了個哈哈。「不過，困難的是：他們同樣不需要老年人。」

「廢話，」我說。我這時才注意到沈千甫的左手還拿了一個精巧的講義夾，是清湛的深藍色。他用手指彈彈它，然後向我睞睞眼。「千甫，我現在知道你這會兒要上哪兒去——是去做家教。」

「是的。」

「才開始不久？」

「是的。」

「一個女孩子？」

「是的。」

「讀高三的？」

「是的。」

「爲什麼你老是說是的？」

「因爲你全猜對了。現在還有一點你沒有猜；我要在哪兒下車？」

「誰管得了這麼多！」

「我就在你下車的那一站下車。」

「你有一塊金字招牌，哪兒不好做家教，偏要跑這麼遠來找麻煩。」

「這就是所謂湊巧，就像你，偏要跑這麼遠來讀這個學校！」

我又去望車窗。這會兒看到的不是爸的身影，而是沈千甫的眼睛，那麼烏亮地嵌在玻璃上，而且帶著神祕的意味，淺淺笑著。倏然間，我覺得彷彿我們不是在車上，而是在溪岸上；而我面對著的也不是玻璃窗，而是如鏡的溪水。有股和風如柳絲似地拂過我的臉頰，柔柔而又軟軟地；我不敢動，怕驚碎那如夢般的溫軟。我遷來台北以後，他只在我生病時來看過我一次。現在，他選擇這個家教，他希望在這條路線上能夠常常跟我碰面，眞是太令我意外了。

「之茵，怎麼不說話了？」

「有些事是要用點兒思想的。在車上，我常常東想西忖。」

「唷，這樣下去，趁車豈不是可以使你成爲一個哲學家了？」

「不要這樣說吧。我或許連考上大學的希望都沒有呢；那時候，你就會知道，我跟你相差有多遠了！」

「我不明白你說多遠的意思。在小鎭上，我們住得很近；以後，我們在這條路線上也可能常常碰頭，說怎麼還是很近啊！」

「你跟我大姊才離得近呢！我大姊很生你的氣。她有一次向我抱怨，說你們雖然在同一個大學裡唸書，但你們班上去郊遊，卻從來沒有邀請她。」

「請你別跟我說她的事好不好？爲了她，我不敢上你家的門。我看得出來，如果我惹她生氣了，倒霉的卻是你。」

這話確實不錯。對於許多事情，沈千甫要比我想得周到。每次，我試圖把大姊跟他之間的距離拉近，但完全失敗了。

「你是個傻瓜！」他笑笑說。「你用不著替你大姊著想；她爲自己著想得已經太多了。」

我們一同跳下車來。晚風習習，我把它擁在懷裡。感到今夜眞好、眞不平凡。沈千甫拉著我的手，走到校門口。那兒，胖娃娃和小美人正在等我。我驕傲地爲沈千甫介紹：

「他是我的舊鄰居、老朋友——沈千甫，是頂頂有名的T大學生。」

沈千甫不好意思地臉紅起來，似想分辯他不是一個十分好的大學生，只是他又提不出證據來。他說：

「兩位來得好早啊。這一陣子，之茵在學校裡，多承你們照顧，她的家人跟她的朋友，都非常感激。」

胖娃娃說：「那算得了什麼！只是有時小美人請客去看一場電影，或者吃頓宵夜！在功課上、之茵比我們棒多了。」

小美人抿嘴笑笑。「我跟之茵眞是一見如故。我們以前都是在南部小鎭上讀初中的。談起小鎭來，我們三天三夜都談不完哩！」

「可不是，我也是南部小鎭上的人；以後有空，我們再詳談。」

沈千甫離開我們，向學校右側的那條水泥路走去。小美人碰碰我的胳臂，說：

「喂，之茵，看來，你那位朋友沈千甫對你倒挺不錯，人也蠻好的。」

「他跟我大姊在同一個大學裡唸書。」

「你是說，他是你大姊的朋友？」

「不是。我是說，他跟我們一家人全很熟。」

「別被人搶走了，」小美人說。「你注意到沒有？在台北市讀書的女孩要比男孩多，現在的情況可不能跟十年前相比啊！」

「你什麼時候注意到這些的？」

「傍晚來上學的時候，一大群一大群的女孩從商職、從專科、從大學的校門裡湧出來。嘿，三十年風水輪流轉，我們做女人的快倒楣了。」

我和胖娃娃兩個對這都不熱心。想得這麼遠幹嗎？我們現在才十八歲，離嫁不出去的年齡還有好多年，我們儘可以瀟洒地把它踢到一邊去；而小美人呢，她長得這麼典雅，是國畫裡的一位仕女，婚姻對她又會有什麼困難？

夜晚上課，只要有一兩個人打呵欠，就會叫班上大部份的人渙散下來，老師也會變得懶洋洋的，用有氣無力的聲音講解，那雙眼睛茫茫然地望著前方，彷彿看到的不是我們這一群學生，而是一張可以供他憩息的臥榻。我們的那位歷史老師，講書時從不看課文，聽說他是某個著名的公立高中的歷史老師，同時還兼著另外兩所學校的課；從上午九點開始，直到晚上十時，十二、三個小時裡，他至少要上八堂課。那樣的辛勞與匆忙，無怪乎他站在講台上，寸步難移了。

那位歷史老師，文文弱弱的個兒，五十開外的年紀，帶點兒悒鬱意味的笑，說不出有多像我的父親。那種歷盡滄桑、無可奈何的嗟嘆，以及滔滔不絕的、欲罷不能的悽愴，使我在上他的課時，難受得近乎窒息。

胖娃娃遞過一張紙條來。她的紙條也是短而肥，寫著兩行字：

「聽說他是北大畢業的，他的有些同學就在T大教書。」

我在字條背面潦草地寫了一些字，算是對她的答覆：

「那末，他爲什麼不早先上T大去，現在已經來不及了。」

胖娃娃換了一張紙，又寫：

「大學教授也鬧窮，只要有兩個孩子上私立大學，一個孩子上高中，他們就要急得團團轉了。」

我回條表示我的意見：

「這樣說起來，讀書實在沒有多大好處；小美人應該去當影星囉。」

「我以後應該去開飯館；開飯館的都蓋高樓大廈。」胖娃娃說。「而且自己可以免費大吃大喝。」

我不知道我該做什麼工作？要是以前去讀師專，是不是更妥當些。我喜歡做孩子們的老師，那是不錯的；我喜歡愛別人以及喜歡被別人所愛，那也是不錯的。但從初中畢業後，我就把希望提得很高，譬如：當一個女法官、女縣長、女大使、女科學家；老認爲自己會是了不起的人物，只要你往前走去，山會移，水會退，路會自然形成。父親也認爲我會超越他，認爲我是他未完成的理想。「之茵，爸浪費了半輩子；你可得往前衝呵！」不錯，我一直在努力，但在峰迴路轉的前面，難道就不會突然出現一處坍方，讓你望著磊磊危石，長歎短吁。現在，我的處境不就是這樣？

下課後，胖娃娃、小美人、白揚和我，大家還在繼續談論那位歷史老師。白揚說，歷史老師有五個孩子，不是讀大學，就是讀中學，他不拚命賺錢怎麼辦？你們注意到他的那雙丟在路上也沒人撿的舊皮鞋沒有？那條屁股後面打了補釘的西裝褲沒有？那副斷了一條腿，用線縛起來的老花眼鏡沒有？以及，以及其他別的。

是的，當然注意到了。

以後，我發誓只生一個孩子。

如果生了兩個呢？

要是有兩個，那末，就把一個送給你，你也不必生了。

大家全笑了。那是讀書生活的輕鬆的一面，因爲夜校沒有體育、美術和音樂，談笑就是運動和藝術。

放學時，我希望在大門口遇到沈千甫。我站了一會，但不見他的影子，顯然他已回去了。我獨自乘車回家，感到從未有過的孤單。

第八章

上午，雨下得很大。父親理理他的小公文包，又想出去。我勸他：

「爸，息一天吧，何必這樣苦自己？畢竟家裡還沒有等著你掙錢來買米下鍋，而且，穿著濕淋淋的雨衣和雨鞋，走到哪兒總讓人有個窮極潦倒的印象，以爲你要是弄不到那個工作就不能過活似的；而那些人又大都勢利成性，你越是一副狼狽相，他就越是瞧不起你，以爲你眞的是個不學無術的人。」

「之茵，雖然去找工作的只有我自己，眞沒想到你也竟把對方的心理揣摩得這麼透徹。我早就清楚，你大姊的聰明是外露的，而你的敏慧卻是內歛的；只有你媽，不知怎麼，老是看不出來。」

「爸，你不要給我戴高帽子，好不好？」

「我說的是實話，給你戴高帽子幹嗎？就如你今天的這番推測，連我自己都沒想到呢。你的不幸是：你跟著我生活，而不是跟著你媽生活！」

「爸，你的話使我難受。」

「事實確實是這樣。十年的隔離、疏遠，造成了彼此生活方式的不同，也造成了彼此意識形態的各異；於是，一家人就分裂爲二了。團聚，唉，一個是合金的半環，一個是堊土的半環，拼是拼在一起了，但又怎麼銜接起來？」

「爸，我們這會兒不談這些。你把皮包放回去，我爲你沏一杯香片來，好好地陪你坐一會。」

「謝謝你，我的乖女兒。爸依你的，好好地休息它一天！」

但他不要我久陪，一會後，就把我趕回房間裡去看書，他說我的時間比他的珍貴。於是，他自己也就坐在沙發上，邊品香茗，邊看報紙，似乎心裡是片碧海，微波不興。外面的風雨跟他無關，外面的繁華也跟他無關。他自由了。隨後，他扭開收音機，收聽相聲。一些詼諧的對話使他欣然大笑。好些日子，他已忘記了盡情的大笑。

因爲談話，以及收聽廣播而誤了時間，我們父女倆到十一點半才在廚房裡忙做一團；一個切菜，一個燒菜；母親回家時，我們總算能夠準時開飯了。母親披著一件晴雨兩用的風衣，很厭煩地把它脫下，塞到我的手中。

「鬼天氣，又是淒風苦雨；花十五塊錢趁計程車回來吃一頓飯，眞划不來。」

「是的，是的，」父親唯唯諾諾。「眞划不來。」

「你知道，一碗排骨麵才十五塊，而之茵燒的菜，有時還不及排骨麵好吃。」

「可不是嘛，家裡弄出來的總是粗菜淡飯；下次你打聽一下看，是否還是不回來的好。」

「但我回家不是爲了要吃飯，是爲了要午睡。過了十二點半，眼皮就重得要壓下來；不好好地睡一覺，下午怎會有精神應酬！」

「那是自然，總得睡個好覺才行；還是回家的好。來，來，快吃飯，湯是熱的。」

那天雖然做得匆忙，菜倒滿不錯：紅燒魚、蝦仁豆腐、油燜筍、菠菜洋菇湯；簡簡單單的幾隻菜，但卻紅綠輝映，鮮美可口。媽邊吃邊看我，說：

「之茵做菜方面倒有些天分，現在居然做得很不錯了。」

「是爸幫我的。」

媽瞅了爸一眼。「原來如此。我沒想到長勛對這一門倒有興趣。」

「在家，閒得無聊嘛。如果一上班，恐怕就沒這份心了。」

「上班的事到底怎麼樣了？今天，看你的神色挺好，莫不是——」

「還不是老——」

媽趕忙搖手：「好了，別說下去了。我還要趕緊睡覺。要是把睡意沖跑了，那才糟哩。」

媽吃了一碗半飯，我們都沒她吃得多。她午睡時，我們都不敢睡。萬一電話鈴響了呢，門鈴響了呢；種種可能的打擾，都得設想到。

下午，雨變得又細又輕，飄飄忽忽的；一片迷濛。媽去上班後，爸竟找出筆、墨、紙、硯，寫起他的王體草書來。我也溫習了一下高一的國文。這時，我就恨不得來場颱風，在家裡閒上這麼兩天。

爸用圖釘把寫了字的紙釘在牆上，自個兒讚賞著：

「眞寫得不壞。好久不動筆了，還保留著那份神韻哩。」

「爸，寫一幅立軸吧，裱糊一下，配個框子掛起來。」

「那不行。爸的字還不夠到家，自己賞玩可以，眞的懸掛起來，準會貽笑方家——之茵，想起年輕時候，春三月，掃墓季節，我帶著墨汁、紙張，到處去拓碑；那股勁兒，想起來還心頭發熱！」

說起這些，爸的眼睛發亮，連人也像驟然年輕了。然後，他徐徐地把筆、墨、紙、硯收了起來，自嘲地低語：「呃，這玩意兒可以自娛，卻不能賺錢。可惜！」

晚上，展開在那張寫過字的方桌上的是個牌局。那些作戰的都是些勇敢的人，不怕雨，不怕風的。田談書伯伯也來了，只有他是局外人。爸那晚倒沒有頭痛，他跟田伯伯在小房間裡一面品茗，一面談天。我從學校回家時，田伯伯說：

「外面風雨不小吧，看你頭髮都濕了，快用乾毛巾擦一擦。」田伯伯隨手在床頭櫥上拿了一條乾毛巾，丟過來，宛如這是他的家似的。

爸也順手拿起一個杯子，神祕地說：「我還替你留著一杯咖啡，溫著；我給你去拿。」一會後，他回來了，田伯伯瓢了他一眼，他不好意思地說：「之茵最能照顧別人，卻最不會照顧自己——對自己太苛刻了。」

「莫兒，我看你自己何嘗不是這樣？對了，莫兒，現在，我又想起一件事情來了：大凡一個人能夠樂於照顧別人而苛待自己的，一定是位好老師；他們也就是我日後所要爭取的對象！」

「什麼對象？」我迷糊地問。

「就是我未來那所中學裡的老師！之茵，難道你已忘了田伯伯的那個偉大計劃？」

「喔，當然，我沒有忘記。」

「我已經作了詳細的計劃，而且，對於校園的佈置、校舍的格局，也都有了藍圖；幾大疊的，全鎖在我那個保險櫃裡。」

「了不起！」爸說。「田老，我可以這麼說，你眞正的事業是開始於你退休之後。」

「誇獎、誇獎！」田伯伯說。「只是不辦則罷，一辦就該辦得十全十美、有聲有色；哪一點都不能疏忽。」

「田老，我看，你該先下鄉募地，再上市募錢。鄉下人多的是田地，都市人多的是現款。」

「有道理，有道理！」田伯伯說。「之茵，你聽見你媽的笑聲嗎，怕她今天又贏了好幾千塊了。」

我喝完了咖啡，看看時間，也不早了，就連忙出去，問媽要向小飯館裡叫些什麼宵夜。這是媽打牌時我一定得爲他們安排停當的事。媽的出手很大方，通常是家裡的每一個人都有一份，因此，媽的牌友們說，媽的作風，很像上海灘上的白相人嫂嫂。別人喜歡媽的另一點是：在我們家打牌的，每人只消交付二十塊錢的宵夜費。

「我的好些朋友，全是在牌桌上結交的。」媽曾說過。「別說那是酒肉朋友，有些時候，也眞能碰到傾心相與的知己哩。你們相信不相信？」

我們似乎應該相信，因爲媽的確也有幾個知己。譬如，開藥房的馮伯伯就是。據媽說，大姊的補藥、媽更年期吃的藥，都是他對折優待的。平日，一些仁丹、眼藥、軟膏、紅藥水、膠布、紗布等，都是免費供應。我們家所用的塑膠手提袋，上面印的也是他家藥房的名字。例外的，是爸倒願意自己花錢去買薄荷錠！

因之，我問媽該叫什麼消夜時，媽總把臉轉向馮伯伯：

「喂，老馮，你今晚喜歡吃什麼？」

「你替我作主吧。我每次感到，你想出來的都比我想出來的好。」

「那末，牛肉麵——補一點！別位可有投反對票的？」

馮伯伯坐在媽的上首，桌角的小几上放著兩杯茶，有時馮伯伯沒留意，這會喝他自己的那杯茶，等會又喝媽媽的那杯茶；媽也不介意。我感到很彆扭。但瞧瞧馮伯伯，五十光景的年齡，臉孔紅潤而有光澤，口腔裡沒有一顆壞牙齒（就我所能看到的），潔潔白白的。他似乎沒有什麼疾病，一個十分健康、能使媽覺得絕對安全的人。所以，我幾次想在第二天早上提醒媽，但又忍住了。

「爸，你瞧，媽的朋友當中，你認爲哪一個看來最順眼？」

「當然是田談書。」

「我是說，除田伯伯之外。田伯伯只是啦啦隊。田伯伯是沒處可去才來的，而別人卻不是。」

爸卻管自說他的：「田談書比我不幸的是他比我孤寂無依，田談書比我幸運的是他比我無牽無掛。」

「爸，你認爲馮伯伯怎樣？他看來特別乾淨，混身上下似乎全用消毒藥水噴過似的。到底是開大藥房的囉，與衆不同！」

爸卻忽然銳利地反詰我一句：「那末，開醫院的又該怎樣？混身上下該穿全白的出來，對不對？」

「爸，你怎麼啦？」

「我對你媽的朋友沒有多大興趣。當然，這是我的矛盾。我既然要在都市裡討生活，就該對他們這些人發生好感才對，然而，我的性情卻使我無法跟他們接近。我是寧可去接近別人，也不願去接近他們的。」

我不再作聲。在岡鎭，爸懷念的是媽的各種優點，而今，現實卻是一堵牆，他只有設法去分辨它，卻沒法去推倒它！

第二天，雨停了，天還是陰暗暗的。爸又出去了。在他沒有找到工作之前，奔波是他的生活。

第九章

在傍晚的車子上，我常常能夠碰到沈千甫。他一星期有兩次家教，而我們遇見的次數，大概也是這樣。我有理由相信，他是因爲想跟我聚晤而作這樣的安排的。雖然，在我這樣想時，我總臉兒發熱，惶恐之至，覺得自己不配承受他的這份感情。

這程薄暮之旅，我是在憾然的心情下，馱著父親失敗的微笑所撒落在我身上的黯影出發，然後，卻又因期待而逐漸轉爲明朗，彷彿我已把我心中灰蒼的塵粒推進夜色中去。沈千甫的臉，在淺淡的燈光下，在人們的肩胛後緩緩昇起，就如天邊的一顆大星——我的希望。我們不必呼喚，總在第一瞬間就瞧見了對方。於是，他擠到我的身邊來，「嗨，之茵！」他說。他的聲音像月光那樣地流進我的心中。因此，夜晚便變得異常、異常地美好了。

有時，我們並不急於談話；兩人挨在一起，在車子的簸動中東晃西搖，倒也感到十分快樂。我們也很驚奇，爲什麼在岡鎮的十多年中，感情竟像風車那樣，縱然旋轉不已，卻老是停留在原位上，而今，它卻如汽車，一下子衝得好遠、好遠！

是因：他已成長，而我也已成長了。

我雖値黛綠年華，但我長得不夠活潑而豐潤；正如別人所加於我的評語：我很文靜。跟沈千甫站在一起，我似不夠秀麗。我的眼睛不夠大、臉孔不夠白皙、嘴唇不夠俏薄；有時候，我又不免為播種在我鼻樑兩旁的一些雀斑而感到懊惱。當沈千甫望著我時，想像中，它們似乎正在恣意地擴展它們的地盤，可是，有一天，沈千甫問我：

「之茵，你自己知道嗎，你比你的姊妹多了一些什麼？」

我想了好久，不知如何作確切的回答。他說：

「你比姊姊、妹妹多了一些雀斑，這就是你的特質。有時，我看到你，心裡就想：有一天，你會不會把雀斑隱藏起來？要是那樣，我就會認不得你了。」

我笑了：「啊，要是你喜歡，我又何必要把它們隱藏起來？」

當然，我們的話的很瑣、很碎。我發覺他說的不及我說的多。他清楚我有時會來一下「不平之鳴」，抖一下家裡的情況。他傾聽著，不作很多肯定的附和，只說：「再忍耐些日子吧，考上大學，住到校方的宿舍裡去。」或者說：「別太難過，也許就在最近，莫伯父的工作就有了著落。」偶而，我也會厭煩這樣的回答，我說：「你怎麼老說這種不關痛癢的話，你是不是忘了我的處境了？」於是，他就著急起來：「你認為我應該跟莫伯母和之荷去爭論嗎？她們問我：你算我們家的什麼人？那時，我該如何回答？」

我垂下眼皮，感慨著：「我想，你的話是對的。其實，有時，大姊使性時，爸是可以給她兩下當頭棒喝的。」

「這樣，或許會替你找上更多的麻煩。」

「有時，我實在也想跟媽頂撞幾句。她老說大姊受夠了委曲，彷彿我們剝奪了她什麼，她的生活比我還不如似的。我實在受不了，但我也知道，只要我理論幾句，遭殃的準是爸！」

「就是這樣，問題就在這兒：你們都在爲對方著想。你們是對相親相愛的父女。爲莫伯父的工作祈禱吧！」

那天，沈千甫跨上車來時，外面的景色正浸在淡青色的薄明中。黃昏宛似一塊巨大的水晶岩，我眞想鑿下一塊來，揣在口袋裡。眞正的夏日已經來臨，從許多人的臉色上，我似乎可以看出，從冬到夏，短促得簡直就像在車上打個盹。或許我和爸也已小睡了一會，卻做了一個艱苦坎坷的夢。

「喂，之茵！」沈千甫擠過來，說。看看我的臉，一如我臉上的小雀斑是些纖嫩雅秀的小花。「哎，明天又是週末！」

我點點頭。在這個大都市裡，我已度過了許多週末。我嚼著它，像嚼著一塊橡皮，永遠是那股子味道。媽、大姊和妹妹們的週末，一向是由自己來調配，我雖然並不欣賞那種味道，只是有時，我也不是不喜歡由自己來調配一下週末，譬如：出去看看小美人、胖娃娃她們，或者邀她們到我家來作客，或者跟爸在一無掛慮的心情下去作一次郊遊；可是，這些，在種種的限制下，卻都無法如願。因此，我就只好在家裡扮演一個非常用功的女孩。不錯，我一直十分用功、十分聽話；然而，現在，我對讀書的狂熱已然消歇。我自覺的平凡，給我自己的理想縮小了範圍。常有一種隱約的聲音在對我說：一個小職員兼一個好妻子，這就是以後的你。

「怎麼不言不語了，之茵？」沈千甫問。「是不是又要用老方式度過這個週末？」

「一個人很難掙脫自己生活的軌轍，你也不是叫我再忍耐些日子嗎？」

「但我要問你的是：如果星期日我去你家，你歡不歡迎呢？」

「唷，這怕不可能。你前些天還說，你不習慣於我家的氣氛。你今天已經跟我碰了面，那末，你去我家，是看我媽和大姊呢，還是看我爸爸？」

「我去看每一個人。」沈千甫臉上的笑意在跳躍。「告訴你，我媽要來。你們家是她的必經之站。她去，我能不去嗎？」

「噢，眞的？沈伯母要來，那眞太好了。」我忍不住低低喊著，心頭也立即注滿了歡欣。這多年來，我在岡鎮，沈伯母愛護我，甚於其他的鄰居。我來台北以後，也曾寫信去問候她。我對我的處境隻字不提。在給別人的信中，怨天尤人地數說自己母親的不當，總是有失體面的。不過，對母親了解很深的沈伯母是否已有預感呢？還有，沈千甫在給她的信中是否已經告訴過她呢？當然，更重要的，沈千甫對我是否還另外作了一些敘述呢？

到站了，我們下了車。車子開走了，我們卻仍然在那裡。沈千甫說：「我眞不願意下車。」

「怎麼，家教當膩了？」

「不是，我喜歡跟你一起在車上。下了車，我們就得分手。在車上的時間實在太短，你不覺得？」

「我當然覺得；只覺得短得讓我懷念，短得使下一次的會晤益發顯得珍貴。」

他輕輕地揑住我的手。我們踩著又慢又碎的步子。校園就在前面不遠，但是我們還有一段短暫的時間可以用來漫步。我們彎到旁邊的路上去。天色還是很清明，好似一個膚色雪白的人，怎麼晒，也一下子黑不起來。缺了角的月兒倒已貼在天邊了，只是沒有煜煜煌煌的那份光彩，彷彿一個病美人，懶懶地倚門而立，只覺得她無依無助。

沈千甫望著月亮，說：「你瞧，天還留著點兒藍，它就急忙忙地露面了，我眞替它難過。它現在這麼一副神色，有誰去欣賞它呢？」

「可不是，它簡直是『昇』不逢辰嘛！千甫，你喜歡什麼樣的月亮？」

「我最喜歡冬夜的月亮。那時夜空又寒、又寂、又黑，而它嵌在那兒，清光逼人，孤傲冷豔；同時，它又透明玲瓏，無所不知。你會覺得宇宙間只有它一顆星辰，世界上也只有它最懂得你。」

「唷，你把它說得這麼美，我希望以後能跟你一起欣賞它。」

「我也是。只是那時候，我或許會覺得世界上最懂得我的，並非它，而是你了。」

我們已經蕩了很長的一段路，現在開始往回走。我感到自己本身就像變成了一串夏日葡萄，有回味不盡的甜甜蜜蜜。想起在岡鎮的那個除夕晚上，他慇慇懃懃地陪我回家，那時，我們爲什麼沒想到抬頭去望望夜空，那兒有沒有懸著清艷脫俗的冷月呢？

「我懷念岡鎮，」我突然說，「我懷念小院裡我種的那些花木！」

「有一天，你跟我一起回岡鎮去，之茵！」

「可是，我的家卻在這兒呢！」

「有一天，有一天，」沈千甫一再重複著。「有一天，你會跟我一起回岡鎮去的。之茵你說，是嗎？」

我沒有回答他。掙脫他的手，跑進校門口時，清越的上課鈴聲正在空氣中迴盪。小美人正在教室門口等我：「嗨，我以爲你病了呢！」她也望著我的臉、我的雀斑。大概這時我的臉正輕籠著一層歡欣的光輝，上課時，她遞過來一張紙條，竟這麼寫著：

「之茵，今天，我發覺你實在長得很不錯，你像早上的小草那樣有精神，別自暴自棄啊！」

我回答她：

「謝謝你，小美人，我也發覺你比昨天更美了。」

那晚，我跟小美人、胖娃娃去逛百貨公司時，我忍不住花了幾十塊錢買了一隻假翡翠的胸針；把它扣在白色的短衫上，會顯得很漂亮，是不？希望沈伯母看到我時會說：「啊，之茵是越來越好看了！」同時，我也希望我們的房子經過我的整理會出落得雅潔宜人。沈伯母會問：「是之茵在管家嗎？怎麼理得纖塵不染的？」

我暫時擱下書本。第二天，如同一隻皮球似的，竄上跳下地把每一扇玻璃窗都揩得透亮，把每一件傢具都細心地抹了一遍，又因地板剛打過蠟，所以屋子看來也就又新又亮了；外面的巷子也像變得很寬、很寬，把陽光全推到窗子裡來。

我不曾跟家裡的人說我爲什麼要這樣，似乎一說穿了，我的那份快樂就會飛散開去。我更不願透露我跟沈千甫經常在車上碰面，否則，母親跟大姊的問話可多了。大姊是窄心眼兒，容忍不了別人獲得的比她的多，更何況她對沈千甫本有一份好感呢。

晚上，放學回到家中，客廳裡只有父親一個人坐著。熱鬧與寂寥是這個客廳的兩極，缺少的則是我們前來台北所要找尋的那份溫馨。在岡鎮，我們雖淒寂，但有想像來裝潢，有希望來懸燈結彩；而現在，才恍然：越尋找，竟越失落得多了。

我走過去。爸手中的茶杯雖然半滿，但我還是替他添了。爸的笑容微展，猶如他剛看完了一部構思奇妙的電視影片，兀自在暗室中回味。

我挨近他，坐下來。爸摸著我的手。「你今天做得很累了。」

「還好。我想，爸，你在外面跑得比我更累。」

「我的沒有成績，你的卻是成績斐然。明天有客人要來？」

我不知如何回答。爸很敏感。在逆境中的人或許特別敏感。我琢磨著怎樣開口，要不要把我和沈千甫之間的感情的進展情形告訴他。

「我只是隨便問問，不一定要你回答。只是看到你高興了，我也連帶高興了。」

「不是生客，是沈伯母。」

爸沒說話，嘴角的笑意仍未消去。他站起身，去拿煙，卻只把它挾在手指間，沒點火。

「很好，是沈千甫告訴你的？」

我閉了一下眼睛。

爸的笑意倒像煙圈，忽而舒，忽而捲。「很好，十分好。」他停了一下。「我前一陣還在想，怎麼沈千甫就不來我家了？到底年輕人的腦筋比較靈活，你們還是碰面了。」

「沈千甫並沒有去學校找我。」

「當然。他是那種不會使你爲難的男孩。所以，今天，我要告訴你的只有一句話：我很喜歡他。」爸乾脆把煙支往桌上一丟：「之茵，我們來想想菜單看，怎樣？」

那晚，大姊、之蓉和之堇全在十一時左右回來了，只有媽徹夜未歸。她打電話來通知，說她在馮家要打通宵。

「馮家？」父沈吟著，「馮家？」

「爸，就是那個開西藥房的馮伯伯家。」

爸猛地一揮手，宛如要把一隻茶杯摔到窗外去。「這下可好啦，開藥房的家裡打牌，那裡多的是提神的興奮劑啊！」

我悄悄地：「如果明天媽不回家，那怎麼辦？難道等到沈伯母到了我家，叫她等著，我們再去找媽？」

「咦，你為什麼不認為沈千甫的媽是專程來看你的？」

「哎呀，爸在這會兒還說笑哩！你知道，沈伯母跟媽是多年的朋友，交情一直很好。」

「但她對你更好。你不要低估了自己，不單是我，許多人都喜歡你呢，因為你是一個嫻淑、溫柔的女孩。」

「爸，你不能打電話到馮伯伯家，要她早點兒回家嗎？」

爸無可奈何地搖搖頭：「怕我沒有這麼大的力量了，她這會兒牌興正濃咧，之茵！」

快近十二點，我才躺下來。白天，玻窗擦得太多了，如今，眼前還是一排一排透明的玻窗。我彷彿住在玻璃房子裡，外面是緩緩流動的水，是海藻、游魚、珊瑚礁；然後，這些都退去了，隔著玻璃，我看到媽站在那兒，於是，我又看到馮伯伯也站在她旁邊。媽笑盈盈地喝著茶，然後親手把自己喝過的那杯茶遞給他……

我倏地完全清醒過來，猶如我已自霧層直墮深谷。我說：「不，不，不，不！」對那個像峭崖般豎立起的念頭，我費力地抗拒著。「不，不！」我在意念中用力去扔那隻茶杯，但它卻是一隻不碎的杯子：瑩瑩剔透，玲瓏精巧，那淡金的邊是它的唇。它說：

打碎我有什麼用呢？打碎了我，卻打碎不了那個事實。

不，不，那是不可能的，那是絕對不可能的。你是騙子、痞子！

我不是，我是一隻杯子。明天，你母親又會吻我，因為我是她心愛的那一隻。

我一躍而起，從黑暗中衝出臥室，衝到廚房。它在那兒，我每天都要小心翼翼地洗濯它，但它卻把口沫啐到我的臉上。它眞的不碎？它將永遠保持它的驕傲？

我按亮燈，把它拿起來。那是一隻高高的大杯子，外面釉著金色和銀色的雅緻圖案，使它看起來很華貴。我說：杯子，我要把你扔了，告訴你，這不是我無情，是你無義！

我把杯子砸碎在洗碗槽裡。靜夜裡的尖銳聲響是它的抗議，也是我的抗議。父親倉皇地跑進來，一把摟住我，宛若我正要用玻璃碎片剞割我的手腕似的。

「之茵，什麼事？——爲什麼要這樣？」

「沒有什麼，我打破了一隻杯子。」

「只打破了一隻杯子。怎麼，是你媽的那一隻！——爲什麼？」

「是的，這麼不巧，剛好是媽的那一隻。」我別過臉去，掩藏起眉間那股痛苦的勝利。

爸，你不知道我爲什麼要把它打破嗎？爸，你從不喜歡在牌桌邊閒坐，倘如你在那邊坐上幾天，或許你會把那隻杯子砸在馮頌西的腦殼上。爸，不要問我爲什麼，我不能告訴你。你有一天曾說過，你不該來台北；這話，在今天想起來是對的。你和我，都不該來。我們都不是屬於這個都市的人。然而，現在，我們該怎麼辦呢？沈千甫說，有一天，他要我跟他一起回岡鎭去。可是，你呢，爸爸，你會不會回去？你又如何回去？難道我走了，留你一個人在這兒？每次，當馮頌西…………或許，你依然不知道，只一味懷念著——懷念著一切屬於過去的美好！

爸仔細地把玻璃碎片撿到塑膠桶裡，然後，還用水把洗碗槽沖洗了一番。而我，像打了一次架似地，依在門邊，已經筋疲力竭了。

爸說：「我聽見你開門出來，以爲你忘記把煤氣爐旋緊了。」

我搖搖頭，一聲不響。

「是不是明天客人要來，太興奮了，一直沒睡著？」

「不是。我恍恍惚惚地要睡去了，忽然看見了玻璃杯，………是的，玻璃杯………是的，玻璃杯………於是，我清醒了………我想喝一杯水。」

「你放心好了。明天，我去菜場買菜時，順便買隻同樣大小的玻璃杯回來。如果有同樣圖案的，當然更好。」

「不要一模一樣的！」我叫了起來。

爸詫異地用右手捏住我的肩胛：「之茵，什麼事——今夜你到底爲了什麼事？」

「沒有什麼，破了就是破了，有什麼辦法？明天，我自己會跟媽說的。」

「那末，好好去睡吧，之茵；明天，那兩個客人都是你喜歡的。」

爸陪我到臥室裡後，才自己走回臥房裡去；那兒，那張柚木的雙人床華麗而遼闊，但也冷寂而空虛。

我竟然毫無睡意！

爸是個細心的人，怎麼對這一點兒也不疑心？難道是我自己錯了？兩個人共喝一杯茶，或許沒有什麼關係；打通宵的牌，更是很多人常有的事。

但是，總還有一些別的舉動、眼色、語調、譬如………

我不要想下去。我並不想求證什麼。在這件事情上，我能改變什麼呢？

但是——

爲什麼還有「但是」，我的「但是」帶給我痛苦、羞憤之外，還有什麼？我，這個自找煩惱的人，打算把爸和自己逼到哪兒去？

我直直地躺著、躺著。夜色重重地壓著我；我似乎快要窒息過去。該兩點了吧？明天，沈伯母要來。或許已經三點了。我一直希望明天自已精神飽滿、容光煥發的。啊，我的右手臂好酸，是我今天抹了太多的玻璃窗？是不是我不抹玻璃窗，就不可能去想那隻玻璃杯？該三點多了吧？馬上就要四點了。準沒有錯。我這會兒倒是眞的渴了起來，但我不能動，不能起來去喝水，一動，今晚就別想再睡了。到底幾點了？我從來沒有像此刻這樣渴望過知道時間……我口渴得很……不能動……幾點了？……那隻玻璃杯……幾點了？……幾點了？

「幾點了？」爸把我喚醒時，我第一句話就是我昨夜一再探問的那句話。外面天色灰灰的。天還沒有亮？夜就有這麼長？不對，像是快要下雨的清晨！

「九點了，快起來吧。之茵，我已經把菜買回來了。」

「也買來了杯子？」

「那怎麼能忘記？檸檬黃的圖案，有魚、有船、有月，非常漂亮。你媽會喜歡它的。」

爸的聲音猝地輕柔如綺綾，薄逸地拂過我的面額，我的耳畔。當我剛從夢中醒來的現在，難道爸又跌進往昔的夢裡？曾記得，在岡鎮小院的夜裡，在爸想念媽的時候，他曾不止一次地告訴我：媽是多麼喜愛那種檸檬黃的嬌艷。年輕時候，媽曾有過滾邊的檸檬黃的緞袍，檸檬黃的毛衣、圍巾，甚至手帕、信箋……當然，來台以後，當年鮮艷的如今都已漸漸黯淡了。小鎮的歲月最窮困，也沒能力任意添置一些個人喜歡的東西；而顏色也就這麼被淡忘了——或許媽已不再把它放在心上了，只有爸，他依然牢記著它的妍嫩。早上，在菜場邊他的懷念又變得這麼強烈了；我，多麼希望藉著這種色彩的牽引，使爸和媽重又能像以前那樣甜甜蜜蜜，把那揚翅欲飛的溫馨捕捉回來。那末，昨夜，我碰碎一隻杯子，不就如砸碎一個惡夢？

第十章

我起身後不久，大姊、之蓉、之堇也都跟著起來了。星期天早上睡懶覺，原是都市學生的嗜好之一。平日，由於各人都有事情，早餐吃得匆忙，飯桌上很少交談，這天卻不一樣，大家圍桌而坐，頗爲熱鬧。病西施的大姊一開場就抱怨菜太單調了，繼而又說她昨夜因爲受了我打破杯子的驚嚇，一夜都未曾睡穩，接著是陣神經質的咳嗽，而且還恫嚇地先把兩種飯後服用的藥丸擺在桌上。至於之蓉和之堇，幾乎一直在竊竊談論著昨晚所看的那部電影，笑著、比劃著，而且商定今天上街去買一張那部影片的主題曲的唱片來。大姊乜著眼，向她們橫掃一下，她們卻笑容盈盈，毫不在意。爸坐在上首，皺著眉頭。啊，以前，四個小女兒的追逐、尖嚷，他還可喝阻，如今，誰會聽他的？

他霍地說出聲來：

「如果有一個像沈千甫那樣的兒子，那該多好！」

大姊機敏地一驚，本來會像脫弦而出的一連串的咳嗽竟在第一聲時便被阻住了。「沈千甫，爸，這會兒你怎麼會想起他來？」

「就是想起來了嘛。今天，他娘說不定會來。」

「那是說，沈千甫許會跟沈伯母一同來?爸，你哪兒來的消息?」

「這個，你別管。天沒大風大雨，他們今天多半會來的。我只是在想，像你們這樣吃法，怕到十點鐘，還不能把這張桌子收拾好!」

這一句話的效果可眞不凡。大姊的咳嗽全然失蹤，她示範地在三分鐘內把一碗稀飯喝光，而之蓉和之菫則裝著鬼臉，也儘快地把早餐結束。不過，飯後卻又是一陣忙亂:大姊打電話要媽快點回家;大姊厲聲叮囑之蓉、之菫趕緊把床舖、桌子理好;大姊檢點她今天要穿的衣服;大姊要到外面去做頭髮。

「怎麼搞的?」之蓉悄悄地說:「這件事怎麼全是大姊的呢?」

「大姊要面子。」我回答。

之蓉似笑非笑地眨著眼睛。「其實，沈千甫有什麼了不起?比他英俊的男孩多的是，我的朋友當中少說也有兩、三個。」

「之蓉，你現在才幾歲?」

「十六歲。二姊，你看，我比十八歲的你差不到哪裡去;我比大姊——她是排骨一根——更別說了。要是我們三個人一齊出去，別人準會認爲我更像女孩子。」

「哈，這又怎樣呢?你畢竟還是個小女孩，你得認清這一點!」

「但我卻不承認自己是個小女孩。最近，我就這麼想:我爲什麼要讀私立五專?」

「因爲你考不上好的高中。」

「那又爲什麼不讀私立高中？」

「因爲專科的牌子比較響亮。」我說。

「見鬼，你認爲我會讀完五年專科？」之蓉接著又說：「我已經讀得不耐煩了，我在畢業之前就會結婚的。」

「你這麼年輕，就對結婚這麼嚮往起來了？」

「這是對讀書的反抗。我愛動、愛玩、愛穿、愛吃，怎麼辦？二姊，我有時想：假如我不早結婚的話，那我就可能去唱歌！我的歌本就唱得不壞。想想看，多輕鬆，只要能哼幾支歌，就不怕沒有吃喝玩樂的錢了。」

我沒有作聲，也沒有笑意。之蓉在台北長大；她要的就是台北的繁華。我若勸她：一個人不妨生活得平實一點，她能接受嗎？

「我知道你不贊成。」她立即體會出我的意思來。「但別人在走，我爲什麼不能走？你不贊成，是因爲你不是那種個性的女孩。不過，以後，你會感覺：我比你們得到的多：住更好的房子、吃更好的菜、穿更好的衣服。」

「但我不會羨慕。」

「是嘛，要是我是你，我就會眼紅。反正，目下時興唱歌，我不管它是好是壞，跟著跑，準沒有錯。」之蓉停下來，頑皮地笑笑。「二姊，我這話不過是說說而已，別以爲我明天就要行動了。」

我說：「之蓉，你也知道，二姊是管不了什麼的。在這個家裡，誰肯聽二姊的一句話？」

也許是大姊催得緊，媽在十一點之前就趕回家來。進門時，兩眼還是惺惺忪忪的。她嘀咕著：「我打到今早八點多才收場，實在支撐不了，就在馮家的客廳裡憩了一會；眞的才睡過去，之荷就來電話了。要不依呢，她使起性子來，少不得又會惹來一場小病。之荷！之荷！」

「大姊出去做頭髮了，還沒回來。」我在旁邊說。

「也好。」媽打著呵欠。「其實，我早回來也沒用；像沈太太這麼識趣的人，會挑近午時分來我家嗎？而且，眞的來了，到菜館裡叫幾樣菜，還不方便？之茵，我現在仍舊要去睡，睡飽了，才有精神陪沈家母子聊天啊！」

沈伯母在下午兩點多才到。她沒帶糕餅一類的俗禮來，卻送給我們姊妹每個人一隻她自己鉤織的串珠錢包：大姊是銀白的，我是湖綠的，之蓉是棗紅的，之堇是葡萄紫的；大小相差不多，款式卻同中有異；精緻小巧，讓人愛不釋手。媽對每一隻都賞玩了一下，然後笑著說：

「沈太太，眞虧你是個有心人，這四個錢包，少說也得鉤上個把月，倒讓這四個丫頭撿了便宜。」

「哪裡？我本就閒得發慌，正好找點活兒解解悶。這次，就是來不及給你鉤個大的來！

這些年來，千甫來台北讀書以後，我簡直閒得沒事找事做。本來，毛衣是叫人用機器織的，現在，竟也喜歡親自一針一針地打了。你還記得以前我們兩個坐在院子裡一起打毛衣的情趣嗎？」

「是啊，好多年了。那時候，我用舊毛衣打小孩的上衣，好有耐心。記得有一次，我們還計劃著怎樣抽空去學洋裁呢！」

「可不是嘛，鄉下的日子不也很好嗎？」

媽沉默下來。

「我是說，你離開岡鎭之後，也從不回去看看。你對以前的生活果眞是毫不留戀嗎？」

媽嘆了一口氣：「我知道你一直在怪我；其實，我何嘗不在怪自己？難的是：我現在就是靜不下心來。不論是打毛衣、縫衣服，或者煮菜、燒飯，都沒有耐心，都沒有興趣。我到台北以後，一顆心就變得浮晃晃的，怎麼也定不下來。這話說出來，外人也許不會相信，但我自己卻有這種感覺。當然，這一部份是起因於我的工作，但我如果守住安靜，那末，又怎麼推展業務？風捲雲，雲駕風，就這樣地跌落到都市生活的模型裡。唉，回鄉下去看看友好，哪個不願意？只是人有惰性，老說下一年吧，卻一拖十年！」

沈伯母望著媽那富於表情的臉，不知是被感動了，還是感到歉疚了，竟然沒有回話。媽又笑了：

「沈太太，你別以爲你怪了我，我就會生氣。在台北住了這麼多年，像你這樣肯直言無隱的朋友，我還找不到一個呢！只是人的歲數越大，越感到做人不易。譬如說，長勛剛退休下來的時節，我心裡倒有一個打算：等他找到了好差使之後，我自己就退下來，重做一個賢慧的主婦，把家料理得像你府上那樣井然有條；那樣，長勛的朋友來到我家，也會誇讚一句：『莫太太，你好能幹啊！』可是我就是沒有這樣的福氣。長勛的事到現在還沒有眉目，我縱然不想做，也非得做下去不可。」

沈伯母跟媽一起坐在長沙發上，靠得很近。沈伯母就拉起媽的手，說：「是我不好，倒引起了你的傷感。」

「也沒什麼。」媽微笑著。「我只是對你說說實話。我也不怨長勛，反正，一家人總是聚在一起了，好歹總有一個照應。有一個人在賺錢，苦日子總還是過得下去的。」

「啊呀，你怎麼說起這種客氣話來？莫太太，你現在賺的錢，足足抵得上我先生兩個人。忙是眞的，苦日子……」

「你不明白，我實在不是在跟你說假話。就說家裡的事吧，之茵挑去了一大半，這是事實。在外面的人看來，以為我待之茵太苛刻了，好像她不是我的親生女兒似的，但她讀的是夜校，性情又最乖順，她不幫家裡一點忙，還有誰幫？我也知道委曲了她，但這有什麼辦法。沈太太，你說是不是？」

沈伯母說：「你說的對，你說的對！外人嘛，看到的總只是一個外表！」說完，不知怎的，竟笑了起來。

大姊、我、沈千甫，都坐在她們的斜對面。開始，爸跟沈伯母寒喧了幾句，之後，他推說有點兒事，就走到對門的鄰居家裡去了。或許，他早已猜到：在沈伯母跟母親的談話內容裡，一定少不了他。我知道爸的心情很複雜，他硬生生地離開了原有的工作崗位，來另謀發展，卻沒想到現在竟然投奔無路，一籌莫展。沈家夫婦是他的多年老友，情深誼厚，他們越是關懷他，他也就越是無地自容。有時，失敗的創傷是不堪重提的！

我坐在那兒，聽著、聽著：媽的話給我的是一幅全新的畫面。這些年來，我們生活的秩序是從我們這一個角度上去看的，而媽的話則使我們從她的這一角度上去看。這樣說來，她彷彿並沒有錯……可是，可是，總有一些地方不對勁吧。她不著痕跡地把畫面中的某個重要部份修改一下，於是，整個畫面也就隨之改觀了。

「之茵！」媽喚我。「為沈伯母去煮一壺咖啡吧！」

沈伯母連忙阻止道：「莫太太，你是知道的，我不喜歡喝咖啡；喝喝汽水就夠了，別忙吧！」

「千甫呢？千甫可是喜歡的囉，年輕人嘛！」媽對沈千甫展露的笑容讓我歆慕。「眞的，千甫，你來了好一會了，怎麼不言不語的！莫伯母的家不正像你自己的家，何必拘束？之荷，你可以跟千甫談談學校裡的事。今天，沈太太是我的客人，由我來接待；千甫卻可以算是你的客人，該由你來負責呵！」

沈千甫半站起身，竭力分辯：

「莫伯母，我坐在這兒很好。我不拘禮，請你也不要客氣。我坐在這兒很好，真的很好……」

大姊也說：「媽，我想陪千甫去逛一會街，現在離吃飯還早哩！」

「這才像話，年輕人獃在家裡，聽我們說些芝麻綠豆大的事，最乏味了，還是出去活動活動筋骨的好；去逛一會兒街吧；逛過後，乾脆上小館子去吃一頓。難得兩人聚在一起，又是老鄰居，又是同學。」

「莫伯母，我的確喜歡在這兒坐坐，我一直住在台北，街早就逛遍了。」

「何妨再去逛一次，而且，不想逛街，也可以去看一場電影啊。千甫，你可不能老是讀書，不找機會輕鬆一下。」

沈伯母惟恐雙方僵持不下，也勸道：「千甫，莫伯母既然這麼說，你也別客氣了。陪著之荷、之茵去附近走走。」

「我不去了，等會我還要在廚房裡幫忙。」我說。

媽點點頭。「不錯，之茵還有些事情要做。之茵總是最乖順的。沈太太，你說是不是？之茵，沈伯母既然不喝咖啡，你就去沏兩杯綠茶來。」

我和沈千甫互望了一眼。我們都感到非常委曲，但不這樣，事情就無法收場。當媽發揮她的業務員精神時，我們最後還是得屈服的。當然，我們兩個早就料到會有這麼一著，不然，沈千甫怎會不肯來我家找我？

大姊和沈千甫走後，我去到廚房裡，沏好兩杯茶——媽的那隻茶杯是爸早上從菜場邊的店鋪裡買來的。媽還不知道哩。幸而，我剛才沒有惱著媽，我要把爸的那份情意選最好的時刻捧上去。

先把一杯端給沈伯母。沈伯母拉住我的手，愛憐地：「之茵，你媽說得不錯，你最乖順。你媽好福氣，有你這麼一個乖女兒。老實說，在台北，僱一個女佣，哪能把家理得這麼乾淨的？我今天走進來，看到玻璃窗雪亮、桌椅纖塵不染，簡直叫人不相信。台北住得慣吧？」

「還好。」除此之外，我不知怎麼回答。

第二杯端給媽：「媽，你瞧，今天用的是新茶杯！」或許是我說得太鄭重其事了，媽一怔；茶杯已放在茶几上，於是低下頭，湊著去看杯上的圖案。

「爲什麼。」媽抬眼問我。

「你往常喝的那一隻，昨天，我一不小心，把它打破了。今天，爸一早上街買菜時，就替你選了這一隻。你看，那顏色、那圖案，都很美。爸說你會喜歡的。」

媽淡淡地揮了一下手。「呀，眞是婆婆媽媽的男人，一隻茶杯也値得這麼費心的！這花色，我看也不太漂亮，其實，不買也罷，我倒還喜歡以前的那一種……」

「可是店裡沒有。」

「店裡沒有，家裡可有。我放在櫃子裡。明天，我再拿一隻出來——那次，馮先生送了我十隻。」

一片灰黑在我的眼前直劈下來，就如一股玄色的瀑布，將我捲入深潭；我感到昏眩、窒息，沉向潭底，但卻沒有掙扎。

「之茵！」

我錯了……我眞的錯了……

「之茵？」

那是一隻「不碎的」茶杯。我早知道它是砸不破的。在那片灰黑的背景前，它屹立著——完整如初。

「之茵？！」

爸對這會怎樣傷心呢？跟那杯子比起來，他的夢是何其脆薄易碎呵！當然，他還不知道那杯子的來龍去脈。幸虧他不是一個多疑的人！然而，爲什麼要讓我知道這些……而我卻並不想知道……

「之茵，之茵，你的臉色好白啊！是不是不舒服了……說呀，哪兒不舒服了？說呀。莫太太，你看，之茵的臉色。莫太太……」

當沈伯母的手臂接觸到我的身子時，我就倒在她的臂彎裡了。

一陣慌亂，我被扶著躺在床上去。沈伯母讓我服了一些八卦丹。那片灰黑的瀑布撤去了，而那隻杯子，則仍屹立在我的眼前。

爲什麼我竟那麼脆弱？我恨自己，連這樣的一擊都支持不了。媽雖然顯得頗爲關懷地替我敷上了一塊冷毛巾，但她閃躲起來的惱怒，卻似薄冰下的礁石，細心的人，仍能看得清清楚楚。她是怪我不早不晚、偏在客來的時候，來這一下「表演」，破壞了家庭的歡樂氣氛。沈伯母是萬分地抱歉，她誤會是她的來到使我累得過了度。我一再地解釋：我並不是累了，只是猛然感到一陣昏暈。於是，媽就肯定地說，這是女孩子特有的病症。女孩子總是易患貧血的，過兩天，她要去買一瓶補血丸藥來——到馮先生的西藥房裡去買。

又是馮先生！

當爸從鄰家回來時，事實上，我已鎮定下來。風暴已過，心境已然澄清。我甚至勉強能夠下床做事了。只是媽這次表示她很關愛我，硬是不許我下床，並且立即宣佈晚餐上館子去吃。我知道媽是不在乎請客的，因爲她可以在公司的交際費中去開支。可是，爸的那番一早到菜場去配菜的苦心，可就白費了。

爸是男主人，爲了禮貌，當然非去不可。他對我說：「之茵，你眞的很不舒服吧？」

「沒有，爸，你放心去吧。」

沈千甫和大姊也回來了。沈千甫知道我剛才差點兒暈了過去，嚇得一頭冷汗。他不斷地用手帕抹著額頭，走近床邊，悄悄地說：

「之茵，你不是爲了我陪之荷出去，才氣得生病的吧？」

「哪裡會？我知道你的心意。」

「剛才我雖在逛街，卻一心惦記著你。這會，他們出外吃晚飯，我留下來陪你好不好？」

「不行。你是這頓飯的主客，怎麼可以留下來？快別這樣了，否則事情眞要鬧大了。」沈伯母的笑容裡依然帶著歉意，她拍拍我的手，說：「好一點兒了吧？你靜靜地睡一覺，等會，我們買些好吃的東西回來。」

媽和大姊臨走時，也來安慰幾句：「我們走了，你好好地躺一會。如果餓了，廚房裡有奶粉和麵包。」

「我知道，」我說。「我知道，那兒還有杯子！」

「杯子？」

「是的，杯子總是很重要的，不過，它有消毒藥水的氣味。」

「你說什麼，之茵？」媽問。「消毒藥水？」

剛回來不久的之蓉、之菫倚在門邊。這時，之蓉自作聰明地替我回答道：「媽，二姊的意思是，因爲她生了病，杯子要消毒一下。」

大家走後，我就坐了起來，但我不餓：想像可以作我的晚餐。五十光景的馮伯伯，三、四年前已跟他的妻子分居了；那是田談書校長在一次談話中提到的。是什麼原因使他們分居的？大家都不太清楚。好在，孩子大了，馮伯伯又有錢，因此，雙方似乎都不痛苦。媽是在他們分居之前就認識馮伯伯，還是在他們分居之後才認識他的？從外表上看來，馮伯伯是個一絲不苟的人，也沒聽說喜歡上歌廳、舞場什麼的。難道說，他們夫妻的分居是因爲媽那時已經插身其間了？

我爲什麼要去想這些呢？

但我爲什麼不要去想這些呢？

即使我想透了，又有什麼好處呢？

的確沒有什麼好處；只是既然知道了，就得搞清楚。

然而，我的姊姊和妹妹，對這怎麼毫不關心呢？

那是她們的事，我管不著。我本來就跟她們不一樣。

那末，就想下去，何懼再來一次昏暈？

不會，再也不會了。

讓我想想看：四五年前，媽剛四十出零，不正是一個風姿綽約、富有誘惑力的中年女人嗎？何況丈夫又不在身邊。讓我想想看：那之前，她還沒有買房子。每年寒、暑假，我們都上台北來，她總埋怨那個租來的兩房一廳的房子彆得她氣也喘不過來。就在三年前的初春時節，媽買下了房子，但我們卻是在別人的口中才得知這個消息的。後來，媽說，她一直隱瞞著，爲的是要讓我們驚喜一下。那的確是值得驚喜的，因爲除了新房子以外，還有新傢具、新窗帘、新冰箱、電視機。當時，爸一進門，就不由得嚷道：「啊唷，佈置成這樣的一個家，可要花不少錢呢！」

媽那麼神祕地一笑：「可不是嘛，買新東西總得花錢囉。只要看起來漂亮，就值得啦。在台北，講究的就是這些。我早已升了主任了，可不能顯得太寒酸呀。」

爸好高興，像孩子那樣地，讓新沙發把他的身子彈起來，又落下去。「很好、很好，比舊籐椅舒服得多了。琢如，你眞會打算呵。」

「生活在這個社會中，不會打算怎麼行？」媽得意地微晃著身子。

爸沒有問媽怎麼一下子有了這許多錢；或許，爸暗地裡曾問過媽。媽認爲爸不必管這些，這完全是她的事。當然，爸是老實人，他不會勉強她回答的。

那麼，就是那個時候之前的那段時期了！媽一直愛打牌，馮伯伯當然也是。牌桌上的老交情！「喂，老馮，晚上來我家！」

「好的，一言爲定！」

於是，馮伯伯就把他的妻子冷落了，然而，馮伯伯的妻子又是怎麼樣的一個人呢？

到晚上八點左右，大家才回來。我仍然躺在床上，沈千甫走近我，輕聲說：

「之茵，我早說過，我不喜歡上你家來；這兒比在擁擠的公車上更沒有自由。」

他很早就走了，沈伯母卻逗留得很晚。我猜想沈伯母很想爲我的處境對媽說幾句話，但她一直沒能如願，因爲媽的談風，就像網罟般地把她牢牢罩住了。

第十一章

「吾愛吾家」原是每一個人的一種不滅的意念。

十年前，母親爲此離開岡鎭：她不願家陷於貧困。

去年，父親也爲此離開岡鎭：他不願家變得支離破碎。

而我，愛家，就像愛一支童歌，懷著永恒的溫暖、怡悅之情。倚著它，感到熙和如春；枕著它，可以恬然入睡。那種愛，使我來台北以後肩起家務事而毫無怨尤。雖然，我早已看出：這個家不是一幅美好的錦緞，置身其中，可以很容易地找出它的許多破洞，但我總得盡力補綴，悉心保持它表面的光澤。

然而，現在，我卻突然失去那份熱情了。我發覺我的努力將是徒勞。從幾年前開始，這個家在本質上已經分裂得無法回歸完整。這情況，就如我母親拿著一把剪刀，對著那塊料子，這兒剪一下，那兒又剪一下。

我的小病已經好了，但我覺得我非躺它兩天不可。那樣做，只是在對母親作一種罷工式的抗議。上午九點，父親買好了菜以後，又照常出去找事了。中午，母親回家，發覺飯、菜都還沒煮，她就光火了，她站在房門口，衝我直嚷：

「之茵，你幹嗎一個上午都賴在床上，連飯都沒煮？」

「我頭暈！」我閉著眼，無視於母親的吼叫。「我頭暈得厲害。」

「你早該對我說的，那我中午就不會回來吃飯了。」

「媽，我早說過了，你沒有聽見。」

「我怎麼會沒有聽見？」母親馬上推翻了她剛才所說的話。「我沒想到你會暈得這麼厲害。你在鄉下可沒有生過什麼病。」

「我不知道爲什麼。或許今天我該叫大姊把飯煮好的。」

「但你知道之荷可從來沒有下過廚房啊！」

「那末，可以叫之蓉做，明天叫之蓉請一天假。」我睜開眼。我不知道現露在我的眼神裡的是疲乏還是詭譎。淡淡的語氣裡表示我對這件事一點也不著急。

母親走近床邊，飄過來的香水味強烈得又使我想起消毒藥水的味道。「你到底生的什麼病？摸摸你的頭，又沒有發燒。」

「我不知道，我還沒有給大夫看過呢！」

「十分八九是貧血。」母親無可奈何地皺著眉。「你不起床，家裡的事誰來做？你自己說說看，之茵！」

「我不知道；我管不了這麼多！」

「你簡直叫我煩透了。叫老馮來替你打一針葡萄糖，還有肝針，怎麼樣？」

消毒藥水的氣味？香水的氣味？

「馮伯伯嘛，他是忙人，這會兒怎麼有空來？」

「這個你別管。我跟他，交情夠，看在我的面上，說怎麼，他也會來。等會我請他出去吃午飯，那不就結了？」母親眉毛一揚，臉色頓然開朗。

「我的午飯呢？」我說。現在，我是再也不肯受委屈了。

「我替你叫一碗麵來。」母親狐疑地望著有幾分倔強的我。「之茵，你生病時，脾氣全變了。」

我漠然淺笑著。或許，我會一直這樣變下去，我在心裡說。或許，爸也該把脾氣變壞一點。現在，我相信：人不能太老實；太老實了，別人就會把你當作泥土，踩在腳底下。

我就這樣冷靜地躺在那裡，諦聽媽走去打電話——媽也許每天都要打電話給他：在家裡，或者在辦公室裡，或者在公共電話亭裡。有電話多好！在鄉下，就沒有這麼方便。「老馮，麻煩你來一下……」他到底比爸強在哪裡呢，除了多些臭錢之外！只因爲媽跟他有共同的嗜好，只因爲他那副衣冠楚楚的僞紳士相。也算是愛情嗎？如果是，媽又爲什麼不乾脆離開爸，嫁給他？「……之茵不舒服，誰知道她生的什麼病。你不妨多帶一點針藥來……」危險！要是我不小心謹愼，讓他懷疑我已知道了他們之間的祕密，那末，只消在針管裡加進去一些什麼，我的生命不就白白地送掉？……哎，我不要胡思亂想了，那是不可能的，不可能這樣狠毒的。因爲媽想要跟爸離婚，並不是一件難事。爸絕不會跟她糾纏。或許，媽就是看準爸太軟弱了，所以連離婚這一手續也不屑辦。「等一會……我們一起吃飯……」他們倆一定常常一起去吃飯，而付帳的是誰，該也可想而知。那末，我今天躺在床上，對媽又有什麼損失？

馮伯伯準時到達，他隨身拎著一隻黑色的紋皮皮包，那模樣，簡直就像一個醫師。「馮伯伯！」我喚他。他斯斯文文地笑著，兩隻眼睛卻十分機警。他量我的體溫，翻看我的眼皮，按按我的腹部——他到底懂得多少？

「體溫正常——看不出什麼毛病，打一針長效複合維他命總不會錯吧？」他說。

母親笑著：「老馮，你說的還會差到哪裡去？我看之茵也沒有什麼大病。身爲女人，吃虧的就是一個月一次的那個。」

「可不是嘛，我已經帶來了補血的丸藥，連你的藥我也帶來了。」

「啊，你這個人，就有這麼仔細、週到。怎麼謝你哩？」母親說。「你看，長勛有多糊塗，明知家裡有個病人，他卻不留下照顧、照顧，還是出去了。」

「媽，爸是在我精神最好的時候出去的。」

「你總是偏著你爸。不是我說得不好聽，你們父女兩個，全是楞頭楞腦的，簡直有些不正常。」

「徐主任，之茵病著，你少說幾句吧。」馮伯伯勸阻道：「每個人的個性都不相同，之茵也有她的優點。」

馮伯伯開始打針。當針尖刺進我的手臂上時，我尖叫起來，因爲我又被幻想迷住了——說不定這眞是一次謀殺！

「眞是莫名其妙。你再不是小孩子了，打針也會這麼大驚小怪的。」母親立即沉下了臉。馮伯伯也頗不高興。「要是你不喜歡我打針，你早就可以說的。你這樣的叫嚷，別人還以爲我在用刀砍你呢！」

母親拍拍馮伯伯的肩：「老馮，眞對不起。看來是我待她太好了，早知這樣，我就不管她的事了。」

我闔上眼，不答也不想，等待那一段時間的流去。五分鐘、十分鐘。睜開眼，媽和馮伯伯早就走了。十五分鐘、二十分鐘，無論如何，這不是一次謀殺。他不敢這樣做。麵送來了：三鮮麵。我勝利地吃下了這一碗麵，然後打電話給小美人，麻煩她爲我請兩天病假。

「之茵，你生了什麼病？聽聲音似乎還滿好的。」

我陡的笑了起來。

「生病還高興呢，眞想不透你葫蘆裡賣的是什麼藥？難不成想溜到南部去玩兒？」

「誰說生病就不能笑了？告訴你，這兩天，我的確是規規矩矩地躺在床上，假不了。」

「我下午來看你。」

「不必了；我需要安靜。小美人，謝謝你。」

「之茵，我覺得出你似乎出了什麼事。」

「沒什麼。」

「你冷靜得可怕。」

「我不相信你在電話裡聽得出來。」

「因爲你生病居然沒有抱怨。」

「我本來就是一個習於忍受的人。」

「我知道你不快樂。」

「別這麼說，我以後會快樂起來的。你等著瞧。」

我不知道我爲什麼要對小美人這樣說。她想解決我的難題，但在這件事情上，沒有一個人幫得上我的忙。試問，我如何能對別人談起這件事，即使是沈千甫？

於是，有一天，當我望著車上的玻璃窗時，沈千甫就在黃昏的淡光中走上公車來了。我們已經有一星期沒有見面。那一星期，橫亙在我們之間，像有一個月那麼長，但我們兩個卻都想把它忘得一乾二淨。我之不願提，只是因爲我不願解釋，而他之不願提……或許是認爲它已經過去了。

「之茵，你又在惦念你爸了？」

「有一點兒。」

他輕嘆了一下，沒說什麼。來過我家之後，他對我爸的處境當然更清楚了。過了一會，他又說：

「我媽不贊成我做家教。她說，我把時間浪費在這上面，太不值得。如果眞是這樣的話，那末今天，就是我最後的一課了。」

我想說，這樣對我們眞是太不好了。沒有他的出現，將使我失去等待的熱情、期望的快樂，並使夜晚成爲一塊乏味的木片了。

然而，那樣對他是不公平的，所以，我還是說：

「伯母說得對，做家教的確很浪費時間。」

「你也贊成？」

「我沒有理由要反對。」

他笑了笑，重又端詳我的雀斑，彷彿它們是寫在我臉上的密碼。「有時候，你眞叫我糊塗。你以爲我眞的是爲了要賺這幾百塊錢？」

「我明白。那麼，不要爲了我而浪費太多的時間。」

我們走下車來。我還有話要說。那是一定得說完的。「你該以學業爲重，千甫。」

「之茵，你不要以爲我可以到你家去看你，那是不可能的。」

「隔些日子，我們可以約定一個地方見面。每月一次，那可能反而自由得多。」

「之茵，」沈千甫喚我。「之茵，你有時的確出乎我的意料之外。你似乎什麼時候都在思想，而且，似乎什麼都想過了。」

我搖搖頭。「我不像你所說的那樣。有些事，只是一個女孩子的直覺。下個月的第二個星期天，你在我的學校門口等我，好不好？」

他緊握了一下我的手，再緊握了一下我的手，像是無法忍受那隔開我們整整的一個月。跟以往比起來，那是太長了。「別難過。」我反而老練地說；然後離開他，向校門跑去。在那兒，小美人已經等了我有一會了。

那天晚上，我又跟小美人她們去逛街。天氣早已燠熱；夜晚十一點多，台北仍是一個銀色的都市。十一點多回家並不太晚，只是看到父親孑然等待的模樣令我難受。在額外的等待中，他的想像一定欺負了他，而我在街上獲得的快樂，也就碎成片片了。

「剛才我又去對門殷家那裡聊了一陣天。」爸說。「殷先生很喜歡跟人談談；其實，我也是。老年人的通病嘛！」

「這樣很好，爸，免得悶在家裡，又要頭痛了。」

他不提媽出去打牌的事，卻用低啞的聲音，談到白天碰見了田談書校長的事。

「爸，你在哪兒碰到他的？」

「我去應徵的那個公司。」

「什麼，他也去求職？」

「不是，他是去募捐。他拿了一本學校基金勸募簿，那麼理直氣壯地要見公司的總經理，那些職員不讓他進去，說他是騙子，說他以辦學爲名，誑騙是實……」

「但是，爸，你在旁邊，可以向他們解釋啊，你可以說明他過去的事業、他未來的理想、他磊落的人格………」

「當然我解釋過，但我算什麼？他們竟然說我與田老是串通好了，來行騙的。我們跟他們吵了一架，結果，我們兩個全被趕了出來。你瞧，事情搞得可笑不可笑？」爸停下來，兀自嘿嘿笑了幾聲，想掩飾自己的窘逼。「其實，我莫長勛受辱倒不要緊，最近，我碰壁已經碰得痲木了，但我卻爲田校長難過，像他那樣的大好人，別人竟也把他錯看了。可是，沒想到田校長本人倒毫不在乎，一笑置之。他說，類似的情形，他已經碰到不止一次了，何必計較呢。你看，田老這個人，眞有『我不入地獄，誰入地獄』的氣概，太難得了。」

我沒有回答，因爲不知怎麼回答。第二天晚上，田校長又到我家來了，彷彿他已經忘記了這件事；只聽見他又這麼興致勃勃地談論他的百年大計了！

第十二章

母親坐在沙發上，抽著煙。她剛吃完晚飯，而且還接過一個電話；它似乎又是馮伯伯打來的，所以我可以斷定：母親等會兒就要出去；或許今晚又不會回來，誰知道？可是此刻，她還是坐著、憩著，而且好像有話要說。那話一定又是對我說的，因為今晚我不必去學校——學校明天開始畢業考。我也坐著、憩著；眞願在客廳裡休息一整晚。

母親望著牆上那張月份牌上所印的海濱浴場的照片，但她的心眼兒則是望著我。果然，她開口了：

「之茵，家是理得越來越不像話了，客廳也好，廚房也好，亂成什麼樣子！」

父親剛洗好臉，從浴室裡出來，聽見了，忙替我解圍：

「琢如，你說哪兒亂？我這會兒正有空，我來理。」

母親冷笑著：「你總是護著之茵，是不是之茵才是你親生的？哪兒亂？我不說，你也看得見。煙灰缸沒倒掉，拖鞋沒排好，廚房裡爐灶黑糊糊的，誰敢去碰？」

大姊也開始在一旁嚷：「可不是，早上，我老發現我的牛奶杯子沒有洗乾淨！」

我知道這一天會到來。我對家務的怠惰是我對母親抗議的一部份；我既已決定這樣做，也就不在乎母親和大姊的挑剔了。好啊，你們也不稱心了，我暗暗想著，忽然異想天開，自己也岔了一句：

「就是說嘛，就連我房間裡的字紙簍，也沒倒哩！」

母親先一楞，然後快速地轉臉來看我。我那句打擊自己的話，卻正是反擊她們的另一種方式。在四個姊妹中，爲什麼該由我單獨肩負這種義務，我不也是應該享受權利的一分子——我照樣也有訴苦的權力！

媽有點兒氣呼呼的，卻找不出理由向我開火，頭一轉，看到爸就在她的旁邊，這下，她的嗓門兒可就粗了：

「你現在聽到了沒有？家裡每一個人都不願做事，只有我一個人應該做牛做馬，是不是？這樣下去，這個家散了也乾脆！」她把半截香煙往煙灰缸裡一扔。

爸還是一副好脾氣模樣：「哎啊，噯，琢如，你就是火急性子，這麼點小事實在犯不著生這麼大的氣；傷了身體，可不是玩的。等一會，我跟小女兒之堇會把這一切都理得好好的。對了，你不是跟別人湊了牌局嗎？那邊可能已經在等你了，要不要讓我叫車子送你去？」

「你要趕我出去？這可是你姓莫的買的房子？」媽毫不講理地向爸直吼。「我不過抱怨幾句，你就要我出去、出去，那末，這家裡的事，我以後可就不管了！」

「又扯到哪兒去了？」爸的臉色漸漸蒼白。自卑與羞憤在他僵硬的笑紋中閃現：「年輕時，你叫叫嚷嚷的，猶有可說；現在，女兒都這麼大了，還不改變這作風，豈不是鬧笑話給女兒們看嘛！」

「說我鬧笑話，任誰也不會相信的，你去問問我的朋友、同事看，我徐琢如那裡是個鬧笑話的人？是我做了錯事下不了台，還是我不識趣碰了別人的釘子？」

爸氣得連聲音都發抖了：

「琢如，你是有意找我的岔兒，是不是？我知道半年來賦閑在家，我已成了你的眼中釘！說不上幾句話，就說散手、散手。是呀，這房子是你買的，我莫某沒出過一塊錢。半年前，我要想透了這一點，就不會踏進這道門。我過幾天就搬出去。」

事情竟鬧僵了。我們做女兒的都站起身來，卻不知道該勸哪一邊。幸而，這時，電話鈴又響了。大姊接了電話，回頭對媽說：

「馮伯伯叫你快點兒去，媽，你就快點兒走吧。這幾天，我的喉嚨有點乾痛，回家時，請別忘了向馮伯伯要一盒含片。」

大姊連催帶推地把媽送出了門，而且一直送她到樓下。我則按著爸坐下，替他開了一瓶冰沙士。爸喝了兩口，把冰涼的杯子貼在左額角上。

「之茵，你是不是認爲爸今天太過份了，有點失常？」

「不，這只是我的錯。」

「爲什麼任何事都是你的錯；你千萬別這麼想。之茵，你感覺到吧，或許是我最近受的挫折太多，所以脾氣也不太好。」

「一個人總不可能一點兒也沒有脾氣吧？」

那晚，爸的頭痛特別劇烈，冷手巾、薄荷錠、止痛藥，全沒有用。他青著臉，呻吟著，甚至把他的痛苦嘔了出來。最後，他服了兩顆鎭定劑，這才睡了過去。在他痛苦的時候，他一再要我預備自己的功課，然而，我怎麼讀得下書呢？

而且，我究竟爲什麼要讀書呢？我究竟爲什麼只想到升學？至少，高中畢業的女孩子，找工作總要比五十多歲的老人來得容易。我可以給自己找個工作去代替爸。

我奇怪我以前怎麼從沒有這麼想過。這種想法使我從死巷裡走了出來，使我的內心綻現一種新的境界，彷彿我馬上就可以過獨立的生活了。

畢業考試完畢後的第二天，我跟沈千甫在校門口見了面。

嗨，之茵，考得滿意吧？——他這麼神采飛揚地問我，苑如我這些日子之所以沒有跟他見面，完全是爲了要躲起來、自個兒好好地啃書以便應付考試似的。

一場糊塗——我聳聳肩，一派閒散。

爲什麼，我早先跟你說過，不懂的可以問我，而且，我相信，你就讀的那所學校，試題也不會過於困難。

不是不懂，是這幾天我根本沒法靜下來讀書。

家裡有牌局？我想，莫伯母在家裡打牌，也不是最近的事吧？

不是。是我自己心裡有牌局。

我倒不懂你的話了！

我老是在打算：該出哪一張牌？我不滿意媽對爸的態度、神色、言談，所有——所有你知道的，以及所有你不知道的！我比家裡的哪一個都明白得多。

…………

幾天前，他們吵了一架。那天，雖是我引起的，但我清楚，那天不吵，總有一天得吵，關鍵是在——

——在於莫伯父到今天還找不到一個職業。

連你外人都猜對了，爸的痛苦還不深嗎？

我們坐在樹蔭下休息。天可眞熱。熱天裡，所有的煩惱也都在冒氣。風被高樓擋住了，樹木在都市中顯得那麼孤立無援的。

於是，我想，爲什麼不由我去找一個工作呢？千甫，這就是我想打出去的一張牌。我不是已經高中畢業了？我不是已經成長了？

沈千甫停頓了一會——之茵，的確，我沒有想到你會這樣打算。

你不贊成？

我現在還不能回答你：我是贊成還是不贊成？不過，即使你有了工作，你還是代替不了莫伯父，那是兩回子事。你的工作消除不了他的感傷和挫折。

我想，起碼可以給他一點安慰、一點幫助，或者說，一點支持。

沈千甫還是不贊同我的想法。他說，我爸似乎可以找個私立中學的教員幹幹，不要老是朝著商業機構那方面去衝撞。

之茵，你看這樣好不好？我這次暑假回去，要爸去打聽打聽，或許岡鎮那邊正有一個私立中學缺少一名文史教員。

你是說，要爸重回那個小鎮？

那不正是他懷念的地方？

但卻不是那樣屈辱地回去，那是不可能的；千甫，這連我也不贊成。那樣做，豈不是叫他承認；在小鎮所受的二十年的委曲，只是由於他的低能！

之茵，這樣說來，事情似乎不太簡單了。事實上，媽上次去你家的最大目的，是想勸勸莫伯母改變一下作風，結果竟被莫伯母的話堵住了。

我清楚，媽是一個偉大的天才！

直到我和沈千甫分手時，對我應該升學還是就業這件事，仍然沒作明確的決定。顯然，沈千甫並不想過分左右我，免得我認爲他太自私。我愛父親更甚於愛他，這是他那天體會得出的，尤其是，在父親愴惻孤單的現在，我更有責任這麼做。但在不再升學的後面，當然也伏著隱憂：我的見解、愛好等等，會不會因我不再繼續在知識上謀求拓展而跟沈千甫的發生歧異，而終至於形成兩人之間的距離呢？

想到這一點，心裡好煩。已經乘上車，坐了一會，中途又下車來，向植物園走去。園裡的荷花池最吸引人。荷花盛開，豐盈、冶媚、熱烈。最典型的夏日之花，然而，它卻使我想起了大姊之荷：一種不愉快的聯想。因此，我的步子稍一停頓，就開始繼續前進。這時，背後有人喚我：「之茵！之茵！」

不用去看，不用分辨，在熟睡中也能知道：她是我想躲開卻又無法躲開的大姊！爲什麼她今天也到這兒來？是巧合嗎？當然，台北的地方不大，什麼地方都可以不期而遇，但再一細想，就覺得不是這麼一回事了。我午後出來時，她還在午睡，現在匆匆趕來，似乎她已預感到沈千甫今天跟我有個約會。

「你找人嗎？之茵！」大姊走近我，細心細氣地問。那種假意的關切可以從她眼角的表情上窺見。她穿了一件鵝黃的迷你洋裝，的確很美；比我美多了。

「沒有，只是隨便走走。夏天裡有樹木的地方可眞好。」

「我陪你一起走走。」

你今天的雅興不淺，我想說，但總覺得太沒禮貌，因此，只說了一聲謝謝，心裡卻不免好笑：縱令循著我的足跡，你也找不到沈千甫，因爲我們的約會並不在這兒，而且，他也早已走了。

我們走了好一會，而且眞的像在散步：一邊走，一邊她還告訴我好些樹木、花草的名字。那倒很像小時候我們在屋後田徑上漫遊的情景。我們摘了一朵花，說：「這是韭菜蘭，」拔了一根草，說：「這是狗尾草。」雖然，那時，她已享受很多的特權，但她還是很愛我的。假如我們一直沒有分開過，那末，她對我的氣勢就不會這麼盛大，她對我的輕蔑也不會這麼繁茂。

我們休息下來時，她狡猾地霎霎眼睛：「我剛進來的時候，看到一個男人的背影，好像是沈千甫，他來過這兒了？」

「我不知道，他是不是跟你有約會。」

「跟我，之茵？我是想問你，他是不是跟你約會？他對你一直不錯，我知道你昨天考完了畢業考。」

我笑了：「我還不知道咧，以後，倒要注意、注意他。可惜，最近，我好久好久都沒有看到過他。」

「不管你的話是眞還是假，」大姊說。她的臉在樹蔭下綠森森的。「我希望你識趣一點，別做我的敵手，他是不可能愛你的。」

「我根本不曾想到過這。」

「你瞧，你有什麼值得他愛的地方？美麗？聰明？？活潑？」

「沒有，什麼都沒有，我只有臉上的雀斑，所以你儘可以放心。」我拉拉自己的衣裙。

「大姊，你願意陪我坐到傍晚嗎？」

「我沒有興趣。如果沈千甫不來，我馬上就要走了。」

當然，沈千甫不會出現，而她不久也就走了。我沒有很快離開，悠閒卻又憂抑地在各處逛蕩、躑躅，於是，在一方隱蔽的蔭處，我看見了父親。他正垂著頭，坐在那兒，公文包平放在膝頭上，他保持那樣的姿勢，似乎已經很久、很久了。

我悄悄地走近去，輕輕地喚了一聲：

「爸！」

父親驚懼地抬起頭來，看到我，惘然地一笑。

「爸，你倦了，爲什麼不早些回家去？」

「因爲還不到回家的時候。」

我挨近他，想撫平他的皺紋，想撫平他的創痛，但他的皺紋太深、創痛太重，而我雙手的力氣又太微弱。

「你不該每天都出來的，爸，天太熱了。」

他開始低語道：「今天，我一整天都躭在這兒：最近，有好幾次了，我時常這樣地坐著，從早到晚。中午，吃些麵包和牛奶充飢。這兒，比家裡蔭涼，也比家裡安靜。我甚至也不願看到街道、機關、店舖。我這樣坐著、坐著，有時，突然起了一種很奇怪的念頭：要不是爲了你，我很想永遠逃開，不回家去。」

我抓住父親的手臂：「爸，你怎麼能夠這樣想？你一直是最愛家的。你說過，世界上最可愛的地方便是家！」

「但那個家卻不是我建立起來的，我連愛它都不夠格。我住在家裡，沒有在家的感覺；我身爲丈夫，卻沒有丈夫的地位；我雖是父親，卻失盡了父親的尊嚴。」

「爸，其實，家裡的每一個人仍愛著你。媽、大姊、我和妹妹。你最近一定太累了，在求職上又受了多次的打擊；你把許多事情看得太嚴重、太悲觀了。」

「之茵，這是你的眞心話嗎？」

「是的，媽不過脾氣急躁了些，大姊只是任性了些，之蓉、之菫還太小，根本不懂事，你又何必去計較這些呢？」

爸淡笑著，淡得像夏日的風，若有若無。「難得你心胸這麼寬弘，難得你這麼愛爸爸！之茵，你媽以前雖然性子急，但也不是這副樣子的。你看得出來嗎，她完全在嫌我了。」

「不會的，爸，眞的不會的。爸，你跟媽年輕時是這麼恩愛。爸，你千萬不要這樣想、不要這樣想。」我急遽地說著，連抓住爸的胳臂的手都在痙攣了。我那麼迫切地要爸相信我的這些話，只因爲我自己並不相信它。

「可是……可是……我不知應該怎麼說，我跟你媽總是那麼冷漠漠的，我們……我不知道該怎麼說，晚上，我的手一不小心碰到她的身子，她就會驚跳起來，因此，我總是這麼小心，不讓我的手觸到她。之茵，我不知道該怎麼說，我跟你媽……我們好像是兩個陌生人似的。」

「爸，我陪你回家去吧。」

「我也知道，如果我常常這麼坐著，那末，工作就更不會有頭緒了。但是，如果我整天奔波，找到工作的百分率又會有多大呢？我到底該幹哪一行工作才好？去做文書嗎？我的一手字倒是寫得挺不錯的。」

「爸，別說下去了！別說下去了！」

「之茵，有一個公司裡的職員倒夠和氣的，他對我說了實話，他說：莫先生，你的學歷不錯，但我們這兒需要年輕人，有活力，有幹勁，而且，看起來讓顧客舒服。我就問他：到底還有什麼工作留給我這種人做的？他說：文書！管理檔案嘛、收發文件嘛，抄抄寫寫嘛；至於庶務員嘛，採購物料什麼的，總比不上小夥子來得敏捷。我想，這話也不錯，怪只怪我以前沒有考慮到這些。」

「爸，回家吧。過了夏天再說，或許秋天來了，運氣也就轉了。無論如何，現在，我已高中畢業了。」

那天，聽了爸的那番話以後，使我感到我放棄升學、準備就業的念頭並沒有錯。在我還未畢業之前，媽曾經對我暗示過：她無法同時負擔三個女兒讀大專的費用。那也正好說明了她不想培植我；而爸卻偷偷地告訴我：他的十幾萬塊的退休金還在他的手中，他可以供給我讀大學，但我又何忍這樣？

幾天後，我把我的決定告訴了爸。他起初表示反對，認爲我在作無謂的犧牲。我的就業對他沒有好處。他還沒有窮得需要我來供養，他只想找回自尊，但它卻在大街上失落了。我的就業只會讓他內疚：他是個不盡責的父親。可是，我告訴他，我也同樣厭惡家裡的氣氛，我願意過自立自足的生活。如果有一天，我自己能有一間小小的宿舍；如果有一天，他願意住到我那邊去；如果有一天，目前這個家果眞非得割裂成兩個不可的話，那末，我有了一份工作，就有一份安全，對我，或者對他。

爸凝思了一會，之後，就同意了我的計劃。我以爲他會跟我討論一下我該去從事什麼樣的工作，但他對這一點卻閉口不談。是不是在經過半年的尋求以後，他已感到：幹什麼工作，有時只是一種「緣份」，像大專聯考時、你考上什麼科系一樣，並不是你眞正喜歡那個系，只是你跟它「有緣」而已。

這樣的想法倒頗使人有隨遇而安的寬慰，不會把失敗的懊喪鎖在眉目間，而且，女孩子工作的機會也正多著。許是因爲年輕，一種低級的職位只是一種磨練，而不是一種屈辱；只是遷陞途中的里程碑，而不是終站。同樣的工作，在人們心頭所引起的反應卻因年齡的大小而有不同，這就無怪乎所有的公私機構都喜歡任用年輕人做中、低級的幹部了。而也因此，更使我有理由相信爸的謀職之辛酸、之無望了。

放棄了升學，日子的流逝就不會那麼嗒嗒有聲了。夏日的烈炎烤炙著那些滿望升學的萬千學子，而我卻有閒情在家暢覽小說。

第十三章

在我們那一班的同學中，幾乎很少有人準備升學的，即使是大學夜間部。很簡單，許多女生都對書本感到膩了，想找一個事情，掙錢再說。男生更是吊兒郎當的，等著去服役，因爲他們的年齡比好學校裡的男生大多要大上一、二歲；不管他們幹什麼工作，還不都是臨時性質的，總要等到退役回來，才能作長途的打算。

小美人聽說我不再升學，難過得直想落淚。她說，這樣反能使我們的友誼永存！因爲友誼的繼續，「平等」是非常重要的因素之一。白揚先成熟地保持緘默，然後發表意見，認爲這既非悲、也非喜；一個人不讀書就得工作，那是十分自然的事，因爲工作本身是神聖的。

我們四人小組的談話原無主題，東拉西扯，隨興所至，但我從這些談話中，卻看清了一點：我的一些朋友其實並不眞正了解我的家庭狀況，她們也不了解我父親的遭際與我的心境，而我也無意把這些全部說出來。她們認爲工作自然是逃避不掉的，但先痛快地玩它三、五個月，又有何妨？尤其是小美人，她家的親戚多，她詳細地安排著度假日期。外婆家、姨媽家、伯父家、乾媽家……這麼一輪流下來，怕不就是幾個月？

「之茵，」小美人說，「我想，在你去做事之前，要不要改變一下髮型？」

「對呀，你應該去燙一下。你看，我們都燙了頭髮，覺得自己活潑多了。我們已經不再是中學生。完全自由了，還要這樣呆板的髮型和制服幹嗎？」胖娃娃說。

「那末，我等一會——今天晚上就去燙，好讓我顯得老練、成熟些！」

友情難卻，於是，四個人就鬨哄哄地走到美容院去。到底哪種髮型對我最合適，連我自己也沒主見，反正就隨她們的。於是，又是一陣你爭我吵的，這才決定下來。我眞歆羨她們心中一片藍淨，而我的卻陰霾重重，怎麼也撥不開。順手拿起報紙，自然而然地就翻到分類廣告的那一版。大批的房屋廣告與我無關，我的慾望不是摩天大樓，只是一間能棲一身的宿舍、一份能入千餘的月薪。細讀著求才欄中每一則廣告的內容，一股悵然之情就從報紙上裊裊騰升。去年冬天，爸不也就是那樣地沉緬於此，想用這些飄忽的希望去綰綴一個家的重圓？而現在，我雖然又以一個平凡的意願去代替爸以前的那一個，但已缺少那份補綴的心情了。

燙好了頭髮，從鏡中看看自己，發覺確實改變了不少，但再一看，卻發現那些雀斑仍在臉上，而那抹憂悒不也依舊飾在眉目間？

胖娃娃從後面觸觸我：「怎麼，是不是越看越傷心，不想走了？」

「你的那位男朋友呢？好久都沒看到他了，今晚應該跟他來一次約會，也好讓他看看改變了的你！」

「那又何必？人家是不管之茵怎麼變、他的心總是不變的那類人。慢慢來，對不對？」

又是七嘴八舌的；最後連燙髮的錢都由小美人搶著付了。大家簇擁著我，走出來，不知是誰提議：大家去照一張相吧。於是，四個人又去照相館。除了合照外，我又單獨照了一張兩寸的半身照，預備謀事求職時用的。

「你看，之茵做事這麼速戰速決；說要工作，她就真的馬上開始行動了。」胖娃娃說。

「反正家裡沒事，閒著也無聊，找一個試試看；也不知道找到的是什麼樣的工作呢？」我說。

晚上，家裡有牌局。剛撤去碗筷的飯桌上，又鋪上了潔白的重磅道林紙，撤下了色澤鮮明的麻雀牌和籌碼。媽清楚我最近做事不太熱心，所以就留住之蓉，不讓她外出，好替客人倒茶遞煙，代價是兩張十元鈔。

「現在，我二女兒退休，由三女兒來接替，」媽笑著說。「你們看，兩個比起來，三女兒到底是在台北跟著我長大的，活潑、大方多了；人也生得比較漂亮、白皙。說也奇怪，鄉下人、都市人，眞是一目瞭然。」

媽的一個牌友馬上接下去：

「哎呀，不用說，跟著你這個媽媽，不漂亮的女兒也變得漂亮了。馮先生，你看，徐主任說她是四十五、六歲，誰相信？我們看來，她還不過三十出零呢！」

「嗨，嗨，別開玩笑啦，連大女兒都快大學畢業啦。」

「他們母女倆出去，眞像是大姊跟小妹，」馮伯伯說，「如果莫先生跟她們在一起，她倒像她們的爸爸了。以前，有一回，我的一個朋友，一個三十四、五的老光棍，向我問長問短地打聽徐主任，原來是想叫我做媒哩！

「老馮，你別耍嘴皮，給長勛聽見了，說不定會吃乾醋呢！」但說著，媽自己倒笑了。在隔壁房間裡的我，顫慄地把一個小紙團塞到兩排牙齒之間，使勁地咬著、咬著，直咬得兩顎酸痛了，才不甘心地把它吐了出來。

爲什麼要這樣挖苦爸呢？難道爸眞會沒有聽見嗎？等待深夜不歸的妻子當然是種痛苦，但這種耳聞的譏嘲，又何嘗不令爸悲憤？爸的偏頭痛，怎會不常犯？

這會兒，眞要去看看爸了，他可能又在拚命地擦薄荷錠了。

我站起來，走到爸媽的臥室裡。爸剛穿上半透明的乳白色香港衫，準備外出。他看到我，一揚手，意思是問：他穿齊整了沒有？

「爸，你要上哪兒去？」

「我去看田談書校長。」他微笑著。

「以前，他常跟他們一起來的；今晚爲什麼不來？」

「最近他去了一次中南部，東奔西跑的，一定很累了，所以，該我去看看他。」

「他是爲學校的基金去募捐的吧？」

「大概是的。之茵，希望這一次他會有些收穫。」

我陪著爸，繞過那牌桌，走下樓去。我們在巷子裡走得極慢極慢。今晚，我不想去，我不知道這兩位老人又會談到什麼時候。談他們年輕時的生活、愛好、抱負以及田校長的那個計劃。

「爸，我一直在想，你去找工作，遭到很多的挫折，這可以說是出於不得已。可是田伯伯，爲了那個計劃而到處受白眼、碰釘子，撞得額青鼻腫的，實在犯不著。爸，事實上，我倒不是不贊同他的那個理想，而是我們只是人微力薄，成不了事。爸，站在友人的立場，你勸他放棄那個計劃吧。畢竟他已六十多歲，不該爲它去受苦受難了，他應該好好保養身體才對。」

爸站下來，看著我，然後搖搖頭。「這樣說來，你還不了解田校長，之茵。」

「爸，你的意思呢？」

爸一邊走，一邊說，說得很慢、很清晰：

「之茵，這半年來，我跟田老深談過以後，我倒找到了一個答案。你先說說看，田老的過人的健康與活力是從哪兒來的？」

「我想，一定是由於他幾十年來的有規律的生活。」

「不是，我認爲那是來自他那年輕的思想。我們老認爲他被理想所折磨，卻不知道那正是他獲得生活泉源的主力。你看他那種永不罷休的倔強，就像非要再活上幾十年不可似的。那是他跟我不同的地方。」

「呵，呵，我沒想到。」我驚嘆道。

我送爸上了車。我不爲什麼地站在那兒。我甚至沒有去看行人、車輛和街燈。我站了好一會。我一點兒也不想回家。於是，我想起了上午跟小美人、胖娃娃在一起時的興高采烈；那樣的歡樂時光，以後怕也不會太多了。以前不曾珍惜過它，如今，眼看它又將似一片雲彩漸漸飄逝，便不禁又留戀起投射在我心靈上的那抹燦爛來。今晚，我要到小美人的家裡去，給自己解悶，也予她一個驚喜！

我摸摸口袋，縱然沒帶錢，學生車票卻還在那兒。這就方便了。來台北半年，什麼都沒學會，倒學會了怎樣搭公車。知道哪一路的車子去哪兒，或者先趁哪一路的車子在某處下來，然後轉車前去哪兒。這可一點兒不奥妙，但也實在難住了許多偶而來台北的外地人。

自己居然也算是半個台北人，這一感覺令我有點兒驚訝。這個大都市除了可能給我一個低薪的工作而外，還能給我一些什麼呢？到處都可以看到許多許多像我那樣年齡的女孩子在街上如魚兒似地徜徜、徉徉、尋尋、覓覓，這些女孩子大半都是從鄉鎮來的，想以青春作爲彩衣，翩然地登上華閣。她們編織的當然不只是一個平凡的夢。她們想獲得很多、很多，但眞能獲得很多、很多嗎？到底獲得的多，還是失去的多？

雖然，平日我跟小美人在一塊玩兒；雖然，不管有事沒事，我在白天也常打電話給她，但去她家，倒還是第一遭。好在對於摸路和找門牌，我也同樣是很老練了；一下車，沒找幾家，就到了她家的門口。在對講電話裡，小美人聽說是我，興奮得大聲直嚷：

「死鬼，以前請也請不到，今晚怎麼想來我家玩？難道燙了頭髮，人也眞的整個變了？」

大門雖然自動打開，小美人自己還是忍不住往樓下跑。在二樓樓梯口，我們碰在一起。她緊緊地抓住我的手臂，嘴湊近我的耳根：

「嗨，是不是已經找到工作了，趕著來告訴我？」

我白了她一眼。「找工作，哪像買東西那樣，要有就有！」

她嘛嘛嘴，不以爲然。「其實也不是不可能。你哪，能力強，又細心、負責，假如我是老闆，我就一定請你做我的女祕書！」

「少奉承了，」我推著她往三樓走。「以後，要眞找不到工作，那才要我好看了。伯父母在不在家？你可不能在他們面前替我胡吵瞎捧！」

她知道我臉皮薄，就馬上答應下來。

「爸聽歌去了，爸是個歌迷。」小美人眏眏眼睛。「不過，今天他倒是陪客人去的。他有個不成文的守則；每次，有鄉下的客人來我家，他就一定請他們去歌廳聽歌，好像歌廳是我們台北的特產一樣。說也奇怪，客人們回來時，也都歡天喜地的。你想想看，這有什麼辦法？」

我笑笑。我說這大概是潮流，就像有這麼多人喜歡打牌一樣。

我們還想說什麼，一抬頭，看到小美人的母親正站在客廳門口，笑瞇瞇地迎著我們，我喚了她一聲「伯母」，她客氣地說，天氣這麼熱，我擠了一陣車子，一定熱壞了，快進去吃些冷飲。走到客廳裡，那兒矮桌上早已擺著冰西瓜、冰咖啡了。

她是位很溫和、很嫻靜的婦人，手邊似乎永遠有隻小小的針線盒，放著鉤針和線團。她坐在對面，望著我們，然後又習慣地拿起鉤針來織。她說：

「我看你們也眞是有緣，記得你上學的第一晚，小莉回來就跟我說很喜歡你。小莉別的本領我不敢說，她的眼光倒是很準的，她說誰不錯，誰一定很好的。」

小美人喜孜孜的笑了起來：「媽，你今天這句話確是說對了。不過，有時候，你也會把我的心思猜錯的。」

小美人的母親把一朵花鉤好了，這才抬起頭來說：

「你聽聽，之茵，她老說我不了解她。目下年輕人心裡想的是什麼，我哪裡摸得準？台灣光復時，我十七、八歲，跟她現在一樣大。那時，我穿的是些沙篩般的粗布衫，冬天看見別人穿了一件紅毛衣，心裡著實羨慕得不得了；要娘替我做件漂亮的新衣服嘛，就會換來一頓臭罵。如今，我看她不樂意了，以為台北市的女孩子穿得漂亮，她看著心裡難過，就馬上塞給她一些錢，叫她自己去買新衣服；就是這樣，她便說我不了解她。眞是從何說起？」

我只好說：「伯母，一定是她長得太漂亮了，用不著衣粧。你不知道嘛，我們大家都不喚她的名字，管她叫小美人！」

小美人嗔了我一眼。她母親倒是點點頭，認為我的話不無道理；隨又想了想，說：

「她人倒是長得不錯，只是個子小了些，我希望她壯一點，就要她多吃些東西；奇怪，就是胖不起來。要是我年輕時候有這麼多好吃的東西，那該多好。這且不說，她這次要到南部去玩，我怕她又累得病了，便買些滋補的藥丸叫她帶去，但她又拗著不肯。」

「媽，今天，之茵才來，你怎麼就派我的不是？」

「我只是因爲之茵是你的好朋友，你一向又說她很明事理，所以我說給她聽聽，叫她評理看！」小美人的母親忽然悲從中來，笑著、笑著，眼圈兒竟然紅了。「我也不瞞你說，之茵，小莉的爸喜歡聽歌，有時忍不住捧捧歌女，我也阻止不了他，但小莉總該向著我的，總該聽我的話的，不料她卻樣樣拗著我！」

我望著小美人的母親——這位慈和的中年婦人，她一定把感傷抑制得很久、很久了，今天不由自主地溢洩出來。雖然仍是輕柔的語音，但也察覺得到她受創之深了。小美人開始楞著，隨後跳起來，跑向她母親的身邊去：

「媽，是我不好，害得你傷心。我說你不了解我，只是我對那些新衣服、好吃的東西，都不太重視，我重視的是你對我的愛！」

小美人的母親放下正在鉤織的桌巾，抬起右手，用手指慢慢地梳理女兒的頭髮，然後又摸摸女兒嬌媚的臉頰。「傻孩子，你是媽的心肝寶貝，媽哪有不愛你的；只是，摸不準你的心罷了。按說，給你買這吃那，不也是做媽的一份愛心？所以，前兩天買來的那瓶補藥，這次，你也該隨身帶去，按時服用；讓媽放心。你說對不對？」

「好！」小美人說。爲了要安慰她的母親，她乾脆馬上跑到臥室裡，拿來了藥丸，並且用冰咖啡吞下了一顆，而且還像孩子似地把嘴張得大大的，要她母親檢查，逗得她母親都笑了。

事情已經風平浪靜了。於是，我們開始談論別的。小美人說，要是我不急著去找事，何不跟她一同去南部玩玩。我說，那不行。她的親戚不認識我，而且，我也希望早點有個工作，雖然家裡並沒有催我這麼做。

小美人拿起她那瓶藥丸，隱隱地笑著，對我說：

「我看你，前一陣子生了一場病，險些兒昏倒。在大熱天裡去找事，並不好受。你也何妨吃些補藥，先給自己加些油？喂，這一瓶送給你。」

我把它推回去。「我畢竟只在這個市區裡跑，還不至於累得鬧出病來。心領了。」

小美人的母親馬上接下去：「之茵，今天要不是你來，我家小莉還在跟我拗著，不肯吃補藥呢。這樣好不好，這一瓶，你先拿去，我明天再去買一瓶來。反正路口不遠，就有一家很大的藥房，那馮老板跟小莉的爸很熟，我們去買藥，總是九折優待。」

小美人說：「媽，雖是人家好意給我們優待，不過，你還是要看仔細點。要是買了假藥回來，那才眞是『要命』呢！」

她母親似乎從未想到過這種事，先是一怔，想了想，馬上釋然於懷地笑了。她說，彼此是老街坊，哪裡會騙到她身上來；她女兒不該這樣地不相信別人。

小美人不服氣，立即反駁道：「媽，我也不是一個喜歡疑心的人，只是，那個馮老板，聽你們說，也不是一個正式的藥劑師，年輕時在私人診所裡當學徒，包包藥，後來離開了，居然做起密醫來，現在雖然搞了幾百近千萬，但骨子裡還不是那樣一個人？」

她母親不再說話，小美人也感到說得過分了些，便又接下去：「媽，我不是對你生氣，我只是對馮老板看不順眼。不過，之茵，這瓶藥丸倒不是僞藥，你儘可以放心。」

爲了要表示我相信這瓶補藥是眞的，我不得不把它收下來。細看一下那瓶子、以及上面所貼的標紙，正跟大姊服用的那種複合維他命丸一模一樣。我忽然有了一個聯想：莫非那馮老板就是馮頌西！

我先沒作聲，只低著頭吃西瓜，然後才慢慢地說，因爲大姊多病，也常去西藥房買藥，那家藥房很大，老板是馮頌西！

小美人的母親放下鉤針，驚叫起來：「啊，不就是我們去買的那家藥房嗎？老板馮頌西人挺和氣，他僱了兩個伙計，除了照顧生意以外，還替人配藥、打針；看來，一個月怕要掙上好幾萬哩。小莉，你說，他現在還肯賣假藥嗎？」

小美人笑了起來：「眞是湊巧，沒想到你家也跟他認識。你們兩家交情好不好？」

我聳聳肩，裝出一副毫不相干的神情。「哪裡談得到交情，只是認識而已。不過，倒也聽說他跟他太太離了婚，不知是眞是假？伯母，馮老板既然爲人很和氣，照理說，不該跟他太太鬧翻的吧！」

小美人的母親用鉤針輕輕地在手心上刮了幾下，嘆息了一聲：「男人一有了錢，還不就是那個樣子嗎？馮老板的太太，我見過，也交談過，雖不能算是什麼好人，但對馮頌西倒眞不錯；才嫁給他的頭幾年，忙裡忙外的，的確幫了他不少的忙。只是，她是再嫁夫人，還帶來一個兒子，兒子開始倒還聽話，後來大了，竟天天跟馮頌西吵鬧。有人說，馮頌西有把柄落在他手裡，他才敢無所顧忌。於是，四、五年前，馮老板乾脆給了她母子一筆錢，分了手。聽說，馮老板也早有了別的女人。男人嘛，總是那副德性。」

我瞪著那瓶補藥，很想說句俏皮話，逗引大家笑一笑，可是，卻怎麼也想不出來。小美人母女當然不知道馮頌西這會兒正坐在我家的牌桌上，跟媽有說有笑呢！媽喝過的玻璃杯的杯口上染有那一抹淡淡的紅，馮頌西雖然注意到了，卻毫不在意地把嘴唇印了上去。

今夜出來，我只想把煩惱抖掉，不料竟反而攬來了更多的煩惱！

第十四章

聽說我想去就業，大姊的反應是既冷淡而又諷誚：

「之茵，我沒想到你是眞的想去工作了。」

「當然。事實上，有時，工作的收穫跟讀書的收穫一樣地豐碩，工作的快樂跟讀書的快樂也一樣地多。」

「噢？可是，我告訴你，你是一個高中畢業生，你別夢想能夠找到什麼高報酬的工作。」

「我的確沒有這麼想過。我清楚自己的平凡。不過，總有一個工作讓我去做，即使是電子工廠的裝配員，我也幹。大姊，你的理想跟我的不同。」

「唷，的確太不同了。」大姊說，仔細地端詳我的臉、我的雀斑。有一股笑意猝然像髮梢那樣，從她的嘴角滑了出來，在燈光下，使我明顯地感覺到它的薄影。我馬上想到在那種薄影下、我半年生活的縮慄。「啊，曾有一段時間，我以爲你會跟我一樣……好。」她又說，「爸老在媽的面前誇獎你，還有沈伯母那年到我家……」大姊乍然煞住了，只是嘴邊的髮梢沒有收回去。

而我卻替她把未說完的話說了出來：

「但是，事情卻證明了我們兩人的不同，是不是？大姊，這一次，你怎麼不向我提起沈千甫了？」

「現在彷彿沒有提他的必要了。」她笑了，稀有的開心的笑。「不讀書的快樂多得很，之蓉就是一個例子，現在又加上了你。」

我不想跟大姊作無謂的爭辯。她是存心想把我歸屬於之蓉這一類型的女孩，我也隨她去。爸曾經因我常懷憂悒而勸我向之蓉學習一點，但我不幸沒有學到。因爲之蓉是我家最快樂的人，這是毋庸置疑的。那天，之蓉聽說我不再讀書，就樂得直跳：

「二姊，恭喜你以後不必再摸書本了！」她眞摯地擁抱我，把臉偎著我的，然後又把她的一串果核項鍊套在我的脖子上，彷彿它是一個用五彩小花綴成的花環，而我又似乎是個在某方面獲得成功的名人。「二姊，這眞是個天大的消息！你怎麼一下子想明白了？以後，我們可以攜手玩樂了！」

之蓉的單純使我有點兒啼笑皆非。我說：「之蓉，我不升學，是打算去工作呀！你瞧，爸最近的運氣不好，閒在家裡，只有媽一個人在做事。」

「那又怎麼樣？媽有錢呢！假如她不夠時，她就向馮伯伯要。有一天，她打電話給馮伯伯說：『老馮，我現在需要兩萬塊錢，你儘快替我送來好嗎？』後來，馮伯伯果然送來了。馮伯伯最聽媽的話，媽也待他最好。」

「之蓉，你可不要胡說八道啊！」

「二姊，我雖不是一個乖女孩，但從不說謊，你儘可以相信我說的話是眞的。前幾天，我的一個同學對我說，媽和馮伯伯……」

「之蓉，我不許你胡說！」

「那件事，的確是那個同學告訴我的。」

「之蓉，你不要說下去了。」

「但你還不知道我要說的是什麼，那件事……」

「我不許你說，我不許你說！」

我抓住之蓉的兩肩直搖。她那圓圓的臉，無知得可憎。我眞想給她一個耳括子，使她除了玩樂之外，還能知道一些別的。

之蓉掙脫我的雙手，而且還頗不高興地把那串果核項鍊要了回去。「我一直以爲你的脾氣很好呢！今天，我才知道你簡直跟大姊一樣地兇。」

「之蓉，有些話，你得留在心裡。你也不算小了！」

「是的，我現在就是大女孩了。」她挺挺胸部。她的確發育得很好。在夏天的薄衫下，半圓形的曲線十分明顯。她忽又忘掉了剛才的不快，細笑起來：「二姊，你沒跟大姊同房睡過，你沒看到過她沒戴胸罩時的胸部，那麼薄薄扁扁的兩塊。要是有一天，她結婚了，嘻、嘻，那位未來的姊夫……」

「大姊太用功了，以致壞了身子；說起來也怪可憐的。」我心裡不忍，不禁又爲大姊辯護。

「脾氣大也是身子差的原因之一。」她輕盈地在臥室中轉了一個身。「我是樂觀哪，她怎麼說我，我都不跟她計較。有時，她說她的，我跑我的。等她快睡了，我再回來。如果她再說個不停，我就乾脆往被窩裡一鑽，呼呼大睡。」她眼皮一垂，脖子一縮，眞正還是一副孩子相；然後，她又睜開眼來，吐吐舌頭：「幸虧這會兒她在洗澡，否則，給她聽見了，準又要大鬧一場！」

「不過，之蓉，你光往外跑，也不是辦法。」

她又用手臂勾住了我的脖子。「我也想工作呀。二姊，這次，你帶著我，咱們兩個一同去找工作，好不好？我好羨慕那些播音員、時裝模特兒，當然，還有那些歌星、影星。你看那些外國的影星，光是他們家裡的游泳池和浴室，就夠叫人眼紅的。二姊，你說這有多好！」

「可是，我去找的只是月薪兩千左右的小工作。」

「那不行；我起碼要四、五千塊一個月的。我甚至希望比媽還賺得多。」

「那末，慢慢來——慢慢來，之蓉。」

「我希望明天就能找到一個，那末，我將用第一個月的薪水來開一次舞會。你看，那該多好！」

不知道什麼時候小之董走了進來：「你們光是談話，只留我一個人在客廳裡看電視。我越看肚子越餓。三姊，你給我幾塊錢，我去買臭豆腐吃。」

「饞鬼，專想吃臭東西！」之蓉把五元鈔丟在桌上。之董卻咯咯笑了起來。

或許，我燙了頭髮以後，看來確是活潑多了，也或許是我那天前去應徵時，徐柔的語音對我獲得那個工作具有決定性的影響。那天應徵的人至少近百，錄取不過三名。跟爸比起來，我是幸運多了。那情況，猶似在新年時，我在街頭的攤子上用一塊錢買了五個籐圈，眼看別人都失敗了，而我無意間把籐圈向前一丟，就套住了那隻站在遠遠的、金灼灼的瓷牧羊狗一樣；實在使我自己也大感意外。

我做了那個大百貨公司的電梯（電動扶梯）小姐。開始，我還不太相信，但當我穿上了公司所發給的美麗的丁香紫的制服之後，我才肯定了自己的身份。讀書時，穿慣了半長的裙子，如今，改穿了迷你裙，總感到短了些，不免常常擔心襯裙是否露出來了；其實，這是多餘的，因爲我的兩條新襯裙也很短。不過，有時，兩條大腿的光涼涼的感覺，卻會驟然使我認爲自己忘了套上裙子，在這大庭廣衆之前！那種驚嚇，宛如在某次夢中，我正跟許多人協力追捕兇手，卻忽然有人反控我是兇手那樣；縱然荒謬不經，襲來時卻兇猛無情。但當我冷靜地「清醒」過來時，我非但發覺自己的裙子是這麼妥貼地裹著自己的臀部與半截大腿，也想到就在這個公司的樓上，不就有幾個訓練有素的時裝模特兒正在表演夏服與泳裝！

鄉下姑娘！我自嘲著。

照管電梯是最簡單的工作，對有些老幼殘弱，助以一臂之力，這純粹是種服務，沒有半點誘惑的意味；在這整個的商業系統中，保有著一份超然的可愛。不過，這項工作像警察站崗一樣，得有腳勁與耐力才行。有個管櫃台的同伴告訴我，這個工作最乏味，連跟顧客交談的機會都沒有，彷彿在如此衆多的人當中，你是被遺忘了；所以，她做了半個月以後，怎麼也不想再幹，就請調別的部門。我卻說，我會幹下去，雖然我扮演的是種熱鬧場所中的寂寞角色，但我卻有機會觀察從我身邊踩到電梯上去的冉冉昇高的各色人等的相同以及相異之處。那是非常有趣的。

她古怪地瞇地眼睛，說：「你倒是跟別人有點兒不同呢。那末，你就放心地幹這項工作吧，包管沒有人跟你爭奪的。」

每天，每天，我像守門人那樣地守著那段會自動前進的路，並且竭力給自己製造樂趣：看那些淘氣的孩子反覆地搭乘，彷彿在玩滑梯似的；關心著那些從鄉下來的婦女又驚又喜又怕地走近來，正在她們踟躕不前時，我卻恰如其份地攙著她們踩上了第一級；而最讓人羨慕的，則是那些攜手並「行」的情侶；不過，少數幾對相扶而「行」的老伴兒，倒也特別令人感到溫馨。我同時還打量著他們的臉容、身材、衣著，那是一種永無休止的觀察，一種使自己的心長期保有著細碎豐收的工作。

於是，有一天，我看到一個熟悉的身影、一張熟悉的臉孔。他是田談書校長。

「之茵，你就在這兒做事啊，蠻不錯嘛！」他笑著說，不知是在開我的玩笑，還是在安慰我。

「可不是，田伯伯，今天你也來了，眞不簡單，是想買些什麼東西吧？」

「我今天是什麼都不想買，只是一時興起，走進來逛逛。」他咂咂嘴。「如今，你是站在你老闆的那一邊，一定並不歡迎我這樣的顧客吧？」

「但我還沒看到過老闆呢，所以，我還是站在你這一邊，歡迎你常常來玩！」

「瞧你這孩子多有禮貌！頂樓有冷飲部，好希望能讓我作一次東，請你吃些冷飲，只是，你又走不開。」

那倒是眞的。我整天站著，有時，也只是「日行一善」，可是，每當我離開一會兒，譬如，上洗手間去，我就擔心在那短短的時間內，會有人絆倒在電梯邊，因爲不幸常常是那麼偶然的。這時，我即便有極充足的理由，也無法原宥自己的疏忽。

這是責任感，還是神經過敏？

「田伯伯，謝謝你。既然我在這兒做事，下次我有空，應該由我來請你吃冷飲，好不好？」一個被家人攙著的老太太要上電梯去，我不必要地扶了她一下。

顧客很多，田伯伯走到我右肩的後面，讓一批人登上電梯去，然後，悄聲說：

「之茵，你知道不知道，你爸的工作已經有了著落啦！」

「田伯伯，你怎麼知道的？是爸今天告訴你的？」

「不是。剛才我路過馮頌西的藥房，進去買了幾顆胃藥，又跟他聊了一會天。他說，他要爲你爸盡一份心意，所以便四處託人，給他找個工作；現在已經有了眉目。」

「馮頌西？爸絕對不會接受的。」

「爲什麼？」

「爸根本沒有託過他——爸絕對不會要的。」

「但他畢竟是你媽的朋友；你怎麼知道你媽沒有託過他？」

「可是，可是，爸和媽卻不是同一個人。田伯伯，你是知道的，爸的觀念和媽的不同。他們是那樣地不同，他們常是一個東、一個西的……爸和媽……唉，我不知道該怎麼說！」

「不過，希望能夠找到一個不錯的工作，這一點總是相同的吧？」

「如果馮伯伯想幫忙，他早就可以幫忙的。他可以自動找爸談一談，問問爸看：他的興趣、專長、報酬等等……」

「是呀，但那時馮頌西可能沒有想到。」

「等到爸幾乎受夠了屈辱，而且喪失了自信心以後，他才來做這麼樣的一個大好人，田伯伯，你想，他是懷著什麼樣的心呢？」

「我不知道。或許他是隨口跟我說說，並不是眞的。之茵，你今天回家去，可別跟你爸說起。」田校長趁上電梯，走了。

我依然站在電梯旁邊。不知怎的，每看到一個五十多歲的老人的身影，就怵然一驚，以爲是爸來了。我明白，我的確希望此刻能見到爸，跟他談一談，可是，事情一牽涉到馮頌西，說話就不能太直率，否則，準會惹出大禍來。那末，談些什麼呢？這使我惶惑地變換著立姿，而且感到兩腿酸累。那個下午長得像條永無盡頭的高速公路，而且，因爲外面天氣燠熱，開放冷氣的百貨公司裡，人也就格外地擁擠。電梯上一排一排都是人，冉冉上昇，冉冉上昇。每次，他們似都帶著快樂而來，也把這兒的快樂帶回家去。我站在電梯邊，偶而那麼機械地服務一下，那麼機械地露著微笑。我一直憎厭那種呆板的笑容，然而現在，倘如我不把笑容罩在臉上，那末，我的臉要說多難看就有多難看！當然，無論如何，今晚，我回家得向爸刺探一下：爸，要是有人替你找到了一個工作，你會不會去？什麼工作？爸會問。我也不知道，總是一個普通的工作。誰介紹的？我不知道，我只這麼說說。之茵，別開爸的玩笑了，你自己有了工作，就開起爸的玩笑來。——就是這樣。

我站到六點鐘，才有人來接我的班。她是專在晚上照管電梯的。

我走到洗手間裡，換下制服，兩手按摩著小腿肚，彷彿我剛跋涉過崇山深水，現在眞的要回家了。該怎麼開口呢？而且，馮頌西到底爲什麼要這樣。是想討媽的歡心嗎？

我下車時，爸竟已在站牌前等我了。我注意到他的臉色與往日不同，敷了一層粉似的薄笑。

「之茵，爸有了工作了！」

果然，一點兒不錯！我抓著手提袋的手一陣痙攣，嘴裡卻說：

「爸，恭喜你啦！」

「也不値得恭喜，又不是自己找到的。萬想不到最後還要別人幫忙。」爸搖搖頭，依然笑著，無可奈何地。

「那末，是不是媽託朋友找的？」

「你一猜就著。你媽在這兒一住十年，紮下了根基，我硬打硬闖，還不如她嘴唇一動。」爸自我揶揄著。「早知這樣，該在十年以前搬來才對，嘿！」

「那是一個什麼樣的工作？」

「一家建材批發行裡做文書——就是寫寫信、管管文件什麼的，反正不是什麼重要的工作，買情面說進去的嘛！要是在我才來台北那一陣，那我是怎麼也不肯去的。」

「那末，爸，你已答應了？」

「之茵，你對爸很失望吧？」

「我沒有這個意思，我只是問問。」

「其實，我也不知該怎麼說。總之，有一個工作，就可以定下心來。人可不能永遠懸空吊在那兒。畢竟我還沒有老得不能工作。」

「是的，爸才不過五十出零呢！」

「我就是這個意思。即使算到六十歲，也還有好幾年。人可不能老是懸空吊在那兒。你懂嗎，之茵？我很高興，的確很高興，因爲我找事也快找了半年了。不過，我也有一點兒不舒坦。你懂嗎，之茵？」

「我懂。」

「今天，我回來得很早，想下廚燒兩隻菜，你媽卻回來了。她喚我到客廳裡去。當著你的姊姊和妹妹們說：你以後不用沒頭蒼蠅似地亂闖了，我已拜託朋友替你找到了一個工作。」

爸依舊用笑敷著臉，我才恍然領悟到：要不是這薄笑，他的臉色未必比平日的好看。

「就是這樣，之茵。情況是這麼可笑。可是當然，我連笑也不會笑，就這麼站著，怔住了。你媽瞧著，有點兒生氣，說：『怎麼，一家建材行的文書，還不滿意嗎？你到底要不要？如果不要的話，那我就馬上打電話回掉。』之茵，我只考慮了一下——或許根本就沒有考慮過。我沒有勇氣拒絕，因爲，人總不能永遠懸空吊在那兒。總而言之，我算有了工作了。」

「爸，你會慢慢轉運的。」我們開始走上樓去。我本想告訴爸，媽託的朋友是馮頌西，可是，現在，我連這都不願說。雖然，他或許也已知道了。

我們走進屋裡，媽對我們說，因爲爸和我都已有了工作，所以，她又在到處託人找尋女佣了。

第十五章

在電梯旁站久了，我就漸漸地體會到：我的同伴跟我說過的那句話一點也沒錯，這是一種寂寞的工作。我每天接觸到無數的人，不管我對他們的印象怎樣，他們都不可能成爲我的朋友。我懷疑一個乘客會在他的記憶中留下一個電梯小姐的形象。根據我自己的經驗，我就記不起在前幾個月中我乘電梯時曾看到過的那幾位電梯小姐。我根本想不起她們是高、是矮、是胖、是瘦、是白、是黑；她們的存在彷彿只是一個名詞。我的這種想法，很使我自己的自尊心受到傷害，因此，有時，我就不得不找些理由來自我安慰一番。我告訴自己：我要是眞的被許多、許多人認識了，那也不是一件快樂的事。一旦在公車上，突然有人指著我，對他身旁的友人說：啊，她就是某某公司的電梯小姐哪；於是，大家都轉過臉來，一看，果然不錯。那滋味，恐怕跟上電視一樣，並不好受。

不過，我倒的確盼望每天都有一、兩個熟朋友來逛公司，順便跟我聊幾句天，可是，整個夏天，小美人、胖娃娃、白楊，全在中、南部度假，連沈千甫也是。

我當然想念沈千甫，因之，在他過完暑假回北之後，我很快就約他到我服務的那家公司的冷飲部裡會面。那時，我已經下班，換下了制服，而且已在公司的餐點部裡吃過了經濟客飯。

「這裡蠻不錯嘛！」他看看那些乳白色的小圓桌，金色的噴泉式圓形吊燈。他還是第一次來這裡呢；他眞是一個不貪玩的好青年。

「這裡的雪糕更不錯！」我說。但我馬上發覺我的這句話無形中拌合著些許廣告的意味。這裡的雪糕並沒有什麼特色，跟別家的差不了多少。這不是我約他來這裡見面的目的。即使這裡的氣氛比較好些，卻也不是我選擇這個地點的目的。我只渴望等一會兒，跟他兩個人一起一個櫃台一個櫃台地走過去，讓同伴們看看：寂寞的我，其實並不寂寞。這樣的一個男朋友，是她們在顧客群中獵獲不到的。

「咦，你對這裡倒挺熟呢！」沈千甫並沒有立即坐下來，卻到處走走看看。從高樓上眺望，遠處的燈光比近處的更美。

我笑著：「如果你喜歡這裡，以後我們可以常來這裡坐；我請客！」

「我倒不贊成你像這樣地把賺來的錢胡亂花掉。對啦，你說你已經在工作，是在哪裡啊？」

「就在這家百貨公司裡做電梯小姐。你一到這裡，就該看出來的——我跟這裡的工作人員這麼熟。」

他沒有說話，也沒有笑，只挑了一隻小圓桌，拉出淡綠色的靠背椅，坐下來。我忽然覺得有點兒不對勁；他似乎並不高興；因此，我也有點兒不高興。

「多久了，我一直不知道，保密得這麼到家！」他說。

「也不是保密。工作是在你回家之後才找到的。而且，這家公司對待員工，也不刻薄，它採用日夜班制，所以工作的時間並不太長，不過，如果你想多掙些錢，當然也可以工作一整天。我只是沒有寫信告訴你。」

「你太不喜歡寫信。」

「其實，你我都知道，這完全是爲了要逃避大姊的糾纏。同樣，你也沒有寫信給我。」沈千甫又不作聲了。當然，他得承認這一事實。不過，他今天的間歇的沉默，總叫我很不痛快。

「我知道，你是一直不贊成我工作的。」我說。

「是嘛，或許有一點兒。」

「我不知道你爲什麼不贊成？」

「也很難說，可能是一直盼望著你也能像我一樣享受大學生活的樂趣，但你放棄了。」

「不得已啊，我怎麼能跟你比？」

「要是能在岡鎭上讀完高中的話，那也許已經穩穩地考上大學了。這次暑假回家，我就聽說你在岡鎭的幾個同班同學，已經考上了大學——雖然考得不太理想，但你一直比她們強。」

我低著頭，吃著雪糕，眼前糊成一片。我完全是爲了爸，才作這樣的犧牲。可是，在今天看來，連這個理由，也不存在，連這個目的，也沒達到。

「你在這裡很不錯吧？」他驀然又從這方面來問我。

「是的。」

「對你很適合嗎？」

他這麼一問，我就覺得很委屈。但在獲得這個工作的當時，我不是挺快樂的？就在他剛來的時候，我不也是挺高興的？我的委屈之感，是起因於這個工作的枯燥乏味，是這個工作少有升遷的機會，還是這個工作不夠高級？什麼都不是；似乎只是因爲沈千甫問了這句話——明顯地表示出他對這一工作的不贊同。

「我不會永遠做電梯小姐的。」我說。

「當然。我只是問問。我今天的話可能叫你難過。我們分別了兩個月，今天第一次見面，就出現這種不愉快的場面，這是我的錯。不過，假如我只悶在心裡，什麼都不說，我想，你也不會願意的。」

「我很抱歉。我沒能找到一個使你滿意的工作。」

「我不是這個意思。之茵，我想，你誤會了我的意思。對我來說，實在無所謂滿意不滿意；我只是關心你個人的志趣問題。」

「你瞧，我爸的志趣是想做個私人機構裡的人事部門的主管，可是，現在，他卻到一家商店去做「祕書」去了。我沒有你那樣的專門技術，哪有資格去選擇職業？」

沈千甫吃完雪糕，用手揉著左邊的臉，把它揉得紅紅的：「我們今天不談這個，我們還是到公司各處去看看。我說不定要買些東西呢！」

沈千甫沒有堅持，讓我會了帳。我們拉著手，開始到各個部門去逛。認識我的同伴向我微笑，她們可能都在猜測沈千甫是怎麼樣的一個人吧。

然而，我和沈千甫卻始終無法談得跟以前一樣融洽，好似我倆之間隔著一層薄膜。難道這只是我個人的感覺？

臨走之前，他買了一副耳環給我。「你很少佩戴飾物。」

「是的，我不習慣。」

「試試看，許多女孩都在戴。這裡是都市啊！」

我送他到公司的門外。我們沒有約定哪天見面，因爲沈千甫說，大四所修的學分雖然不多，卻馬虎不得。既然已經開學了，以後怕就很少有空了。如果以後他要來看我，會先打電話給我的。我知道他們學工程的，不僅有一大堆的高深的理論和公式要啃，而且更有一大批的實驗要細細做，所以認爲他這樣的打算很對。可是，當我在他離去以後，再次回憶我們在冷飲部裡的對話時，我卻重又懷疑起他的忙是否是種藉口來。是我做了電梯小姐傷了他的自尊？沈千甫是個非常樸實而深沉的人。他或許認爲我幹這一工作，會驅使我走向虛榮與膚淺。

誠然，表面看來像是這樣，但我自己清楚我並未改變分毫。

這樣說來，沈千甫是太不體諒我了！我有點兒懊喪。但要我爲了他而辭去這份工作，那也不可能。辭去了這一個，就確定能夠找到另一個較好的工作？

夏日的豐沛在我體內消失。我感到慵懶而困乏，就接連打了幾個呵欠。在準備回家之前，我第一次想到，爲什麼不在馬路上多逛一程，然後走到爸服務的那家商行裡去？我可以陪著爸一同回家。平日，爸不就是在這個時候回家的？

我很欣賞自己的這個主意。我喜歡跟爸有較多時間得相聚。我喜歡在夜晚的幽暗中伴他返家，正如我高興在早上的明亮中偕他外出一樣。爸的憂悒和爸的愉悅，我最清楚，而我，跟爸在一起，也感到有了憑依，在這個大都市裡。

就這樣，我以輕鬆的心情逛過去，本來就祇隔著三條街，現在，這段路程就顯得更短了。那家建材批發行是兩開間的門面。右邊是鋼筋、鐵管、塑膠管、鉛皮、塑膠板、合板、磁磚等的樣品、左邊是門軸、鎖匙、水喉、衛生設備、玻璃……這些東西，有放在架上的，有放在地上的，也有放在玻璃櫃裡的。在這許多物件的後面，放著兩張很夠氣派的寫字檯，兩隻鐵櫃。爸正跟其餘三個人在談天。

「爸，我下班了，又沒什麼事，就彎到這兒來看你。」

「好啊，我們也沒事了，正在閒聊哩。」爸好高興啊，把我介紹給他的三個同事，一個是會計，兩個是店員。會計姓張，瘦瘦的，四十來歲，他說：

「莫小姐，你坐一會吧。」張叔叔熱誠過人，順手挪過來一把椅子。「晚上，我們這裡沒有什麼生意，所以盡用聊天來打發時間。你雖是第一次來，但我們早已知道你了，因爲莫先生時常跟我們談起你。我們都知道，你是他的孝順女兒。」

這倒使我不好意思起來。這些日子來，我對父親到底做過一些什麼？譬如說，今天我來陪他回家，難道這也算是孝順？

「坐！坐！」張叔叔又說，「還早呢，回家也同樣閒坐，還不如在這裡多談一會。剛才正在說，你爸的一手字寫得眞好，確實下過工夫。再說，那些信嘛，他信手寫來，卻文是文、白是白，又哪裡是我們這些人寫得出來的？李兄，你說對不對？」他對其中一個店員說。

那位被稱爲李兄的中年人，誠心誠意地點著頭：「確是這樣，以前，那些信是老闆親自寫的，常常有錯別字，好在我們這裡又不是正式的公司、機關，商業信件，只要對方看得懂，也就算了。不過，話得說回來，到底也是有失面子的事。現在，莫先生來了這裡，對我們眞是方便極了。莫先生還老是謙虛呢。」

父親似喜似憂地笑了笑。「實在不是謙虛。我眞不相信自己有什麼長處。說起來，實在慚愧之至。我能到這裡來工作，又不是憑我自己的本事，而是靠人介紹進來的。」

「啊呀，由別人介紹進來也沒有什麼關係呀。事實上，關於這點，我們也是一清二楚的。在你未來之前，老闆就對我們說，有一個新同事快要到我們行裡來。當時，我們想，既然是靠關係進來的，大半不是什麼好貨，所以你來的第一、二天，我們的確有些瞧不起你。」

「我那時也感覺到。」父親把桌上的書信、說明書、價目表……收到抽屜裡去。「我自己也覺得不光彩。」

「實在很抱歉。」張叔叔說。「現在，事過境遷，再提這些，我想你也不會見怪的。」

「這有什麼好見怪的？換上我，我也會這麼想。我也是不得已才來這裡的。其實，這裡有你們幾位分勞，也已經足夠應付了。我做的是個可有可無的工作。」

「可是現在，我倒不是這麼想了。馮頌西跟我們老板有交情，這次，他推荐的可沒有錯。」

父親沉思了一下。「不瞞兩位說，當時，我還不知道這是馮頌西出的力，因爲我跟馮頌西雖然認識，卻還談不上有什麼交情。」

「那末，是別人轉託馮頌西的？」

「就是這樣。」

「那也一樣，反正推荐像你這樣的一位人才，介紹人是不會失面子的。」

父親無可奈何地笑著：「老了，不中用了。不像你們三位，正年輕力壯，來日方長。這次，我欠了馮頌西的人情債，也怪不好意思的。」

「這又何必掛在心上？或許像馮頌西那樣交遊廣闊的人，早已把這件事情忘了。」張叔叔說。

已經八點多，父親無精打采地理理那只沒有放著什麼東西的公文包，站起身子：「三位，我要先走一步了，明兒再聊。」然後就跟我一同踩入夜市中去。

如果搭公車的話，大約還要走幾分鐘的路。父親說，今晚他不想去擠車子，倒想踩著街道走回去。我當然贊成。既沒有功課等著我去準備，時間就充裕了。而且，嚴格地說來，來台北以後，我們父女倆還沒有作過一次眞正的散步。沒有任何目的，沒有任何困擾，就那麼步態悠閒、心靈飄逸地一路走去。

懷著那種心情，兩旁櫛比的燦麗櫥窗，也就變成一幅幅專供欣賞的圖畫了。我們隨時都可以把心裡懷念的景物插進這些畫幅的中間去，而光彩斑駁的街道，也總有那種使眞實變得模糊、把遙遠拉到眼前來的功能。生存對父親的殘酷影響，使他十分滿意於那個健材批發行裡的「祕書」工作。他不住地誇獎他的同事、他的老板。他對工作的遷就，已經到了心甘情願、一無怨尤的地步；他甚至讚揚起馮頌西來：

「之茵，我今天細細想來，以前，我怎麼會看不慣馮頌西的？馮頌西倒還算是一個重情義的人哩。」

「爸，你這種看法，是不是因他給你介紹了一個工作來作爲標準的？」

「也可以這樣說。他能待我好，當然也能待別的朋友好。我並沒有什麼特出的地方。」

「當然。不過，馮伯伯卻是一個極其精明的人。」

「生意人不精明怎麼行？之茵，我最近慢慢地領悟到，我們的觀念得改。一個人精明不是罪，無能才是罪！」

「爸！」

「這樣說應該是對的。人總要生存下去，無能的人有什麼資格？試想一想，一個無能的爸爸養得起幾個孩子嗎？假如叫孩子們受凍挨餓，這不就是他的罪！」

「爸，你這樣說下去，結論不就是：要是你有馮伯伯那樣精明，你現在就很幸福了。」

「不錯，我正要這樣說。我從來不會打算，這是我最大的弱點。你媽最不滿意我的也就是這一點。」

「不過，馮伯伯也幸福不到哪裡去！」

「誰說的？」

「你聽人說起過馮伯母沒有？」

「我怎麼會去打聽這個？沒有聽別人說起，這正表示他家庭十分幸福。」

「他們離婚了。別人告訴我的。」

父親怔了怔。「那倒是出乎意料的。我看他外表整潔、言行體貼，倒是一個標準的好丈夫！」又凝想了一會。「眞可惜，很好的好人呢！」

「爸，據說他的藥房有毛病。」

「什麼毛病？」

「誰知道？只聽說他有把柄落在別人的手裡。」

「別胡說八道。之茵，馮頌西幫了我的忙，我們可不能捕風捉影地亂造他的謠。我看，說他壞話的人，怕是妒忌他賺了錢，眼紅了。」

「爸，只因爲他幫了你的忙，你就認定他是好人了？」

「那末，之茵，你又爲什麼非要我認定他是壞人不可呢？你今天的態度好怪！你今天上班時是不是遇到了什麼不愉快的事？」

「沒有，眞的沒有。我也希望馮伯伯像爸所想像的那樣好，或者說，跟爸一樣好。」

「我不是好，我是無能。」

「爸，你往日的自信、幽默到哪裡去了呢？難道這一次的打擊對你的影響眞有這麼大！」

「無所謂打擊，也無所謂影響。前些日子，我坐在公園裡老是在想，人就是這樣：別人用不著你時，你就是廢物一個。你還比不上一段木頭。當然，人有自尊，不過，有時，自尊根本就幫不了你什麼忙，連武裝起你的精神的力量都沒有——之茵，爸這可不是說爸不要自尊。我之所以要感激馮頌西，就是因爲他讓我恢復了自尊：他爲我安排了一個不壞的工作，而且也因此使我獲得了一些同事的尊敬。」

「爸，這樣說來，你是眞的滿足於你的那份工作了。我很安心。」

「你呢？你對你的電梯小姐這份工作呢？」

「很好。我很滿意。哈，挺不壞！」

我沒有再說下去。我所說的，已經不是我想說的。

我清楚沈千甫來逛公司的機會並不多，可是一連有許多天，我卻仍在電梯邊等他來。我爲這假設了很多理由：沈伯母突然寫信來，要他選購一件送人的衣料；或者，他覺得飯後脹悶，就出來走走，順便彎到這裡來看我；或者，根本沒有什麼事，只是因爲幾天不見，渴念逼著他來找我。他對我說：之茵，我實在很愛你。以前，爲了要想跟你相聚，特地做了幾個月的家教，而現在，你在這裡工作，我們見面眞是容易多了。我雖然不喜歡你做電梯小姐，但在我自己還未就業之前，我的確無權提出異議……啊，要是他能這樣，那我就會感激不盡，自動找機會退出來。我要再下一年苦功，在明年的聯考場中搏鬥一番。無論如何，我高中的基礎並不壞，至少還有夜間部可以報考哩。

沈千甫的確一直沒有來，吝嗇得連個電話都沒有。我整天站在電梯旁邊，看到的都是一些陌生人。惱恨、自卑與失望在我標準的微笑後面昇騰、翻滾。當我下了班、走進洗手間去的第一剎那，我常衝動得想掩面痛哭一場。

不過，我已知道，除了孩提時代父母會因你的號哭而心疼、會因此而依從你以外，在成人的世界裡，哭並不明智，而且也並不能使你獲得什麼。在這種華麗璀璨的場所中，人們只習於看到美和笑，人們只習於向勝利者歡呼。如果我哭了，那只表示我在某方面失敗了。這許多穿著同式制服的女伴，她們經常嘻嘻哈哈，她們經常摟肩搭背，她們經常向你噓寒問暖，表示關懷，但骨子裡，不僅惟恐你比她強，且又藐視你比她差。所以，如果我哭了，我在同伴中，就成了一個話柄了。

我也不能向爸透露我的煩惱。假使我告訴爸：沈千甫因爲我當了電梯小姐，而跟我疏遠了；爸最先的反應一定是認爲他害了我。有時，我覺得爸對於許多事已經想得很開，很透徹，因而也就變得遲鈍、麻木，但在某一點上，卻還是那麼敏感、碰觸不得的。

開始時認爲是異常輕鬆的工作，如今在各種情緒的影響下，它卻變得十分沉重了。比起來，爸的工作確實要愉快得多。我喜歡聽爸的同事們對他的誇獎，那是對爸的一服振奮劑；因此，我慢慢地養成了一種習慣：下了班，在公司的餐點部吃了經濟客飯，就到爸工作的那家建材行裡，坐著聊上一會，然後陪著爸回家。

在漫步回家的這段路程中，我們總不知不覺地避免觸及那些令人悵惋、悶濾的話題，而專挑那些輕鬆、怡愉的，或者屬於過去的溫馨、欣懌的事兒。我們偶而也談到我們的薪水；兩人合起來將近四千元，一筆可觀的收入。

「之茵，存起來，以後用來做陪嫁，」爸慈祥地笑著：「我說做陪嫁，並不是統統要買東西，用存款作陪嫁也是一樣，以後，它對你們事業的創拓，或許也有點兒幫助。」

「我並不能幹，我不希望自己有事業。」

「不，你很能幹。我看得出來。之茵，別的不說，你從一個鄉下姑娘變成了一家大百貨公司的職員，這就很不容易了。」

我搖搖頭。「但我沒有遠大的理想。我喜歡平凡。」

「那末，你希望做賢妻良母？」

「要是可能的話，我會全心全意地愛我的家。」

爸說：「之茵，你很聰明。人，總在找尋最珍貴的東西，總希望過最絢爛的生活，但最後卻發覺：最珍貴、最甜蜜、最絢爛、最恒久的，還是那不惹眼的天倫之樂。」他拉著我的手，加快腳步。「之茵，我們快快回家吧。」

但在我家的客廳裡，馮頌西卻正以他慣有的悠閒的姿態、整潔的儀表，佔據著其中的一張沙發。近些日子來，他獨來獨往的次數是比以前增多了；他成了我家的一位當然的貴賓。

「嗨，馮先生！」爸先招呼他。我倚在爸的身邊，輕輕地喚了一聲馮伯伯。

馮頌西當然知道他的有利情勢，他還是彬彬有禮地站起身來。「莫先生，你這會兒才回來，工作辛苦了。」

「哪裡；行裡的工作一點兒也不忙。吃好晚飯，一直坐在店堂裡閒聊。」爸看看媽。「怎麼，今天沒有牌局？」

「沒有。老馮沒有帶牌友來。他今天想休息、休息。」

馮頌西那麼儒雅地笑著：「是呀，白天做生意，簡直夠累了。按說，我家的客廳也很大，但一個人坐著，又太無聊，想著，想著，就來找徐主任了。可是剛在這張沙發上坐下，就差點兒打起盹來。」

「那你又何必客氣，就在這裡小睡一會好了。等夜深了，叫琢如僱一輛計程車送你回去。」

「不行，那怎麼行？在別人家裡睡覺，那太失態了。」馮頌西拉拉他西褲的褲管。我似乎又聞到了消毒藥水的氣味。「以後，徐主任還肯讓我上門來？」

媽說：「算了，別說這種話了，大家坐下來吧。之茵，去絞一個手巾把來，讓你爸擦個臉！」

我在盥洗盆裡剛放滿水，爸就跟著進來了。他拍拍我的肩：

「別忙，我自己來！」

「啊，爸，你怎麼不去陪陪馮伯伯？」

「這嘛，其實，馮先生並不是閒談來的，他是要跟你媽談生意，我插在中間，不就打擾他們了？」

「我不相信。哪有這許多生意經要談的？要談，在我們未來之前就可以談了。」

「那倒不一定。不過，我坐在那裡，也覺得很彆扭。」

「你還是不喜歡馮伯伯。」

「話可不是這樣說。之茵，馮先生對我不壞，但我們之間實在沒有什麼可談的話題。他所談的事、所談的人，我非但陌生，而且也不感興趣。那樣的談話不是很乏味嗎？但他跟你媽情形又不同，他們已經相識多年了。」

爸把臉浸在水裡，潑拉潑拉地洗著，洗得挺起勁的；我站在一邊，感到水聲直打在我的心上。

「爸！爸！」

爸抬起臉來。我注意到他最近的臉色不錯，而且，我也高興他好久沒有頭疼了。

「之茵，你自己洗過臉沒有？」

「我早在公司裡洗過了！」

我退出來，穿過客廳，向陽台走去，看到媽跟馮伯伯談得好開心。桌上放著茶杯，兩隻杯子的款式一模一樣，正是那天晚上我有意砸個稀爛的那一種。

第十六章

我意識到，在同一時間內，我變成了兩個人。一個是靜立在電梯旁的莫之茵，親切而和順，微笑是嘴角邊的長春籐，從不凋萎，而另一個則是漫遊四方的莫之茵，充滿了徬徨、憂憤與失望。後一個莫之茵總是在作各色各樣的嘗試，企圖把不利的情況扭轉過來，以致常讓自己搞得頭昏腦脹、精疲力竭。她有著挺炯銳的眼睛、挺聰靈的耳朵。她從百貨公司的雜沓而紛呶的人群中游離出來，泅入街道。她的步伐在匆忙中帶著躊躇，到處是她行走的方向，也到處都不是。她側耳聽到了父親內心的嗟嘆。年輕人的世界，他會想，他老了。

之茵，馮頌西幾歲了？

大概跟爸差不多，五十出頭吧。

胡說，他看來要比我年輕得多，我每次看到他，他總是容光煥發、虎虎有生氣的。

也不見得，他只是穿著挺括、儀容整潔而已。那是因爲他有一家生意興隆的西藥房，他只比你多了一些臭錢！爸，除了這，他哪一點比得上你？

噯，之茵，你年紀輕輕的，說話怎麼可以這麼損人！馮頌西還是我們家的朋友呢！

爸，我可不是損人，他是一個不折不扣的小人。你知道，他暗地裡幹著什麼勾當，賣僞藥、做密醫，而且，他跟媽還有一份不尋常的感情。爸，許多人都知道，我一直想找機會跟你說，只是我一直不敢說。但那件事卻絕不是空穴來風。

……

但這件事果眞這樣鬧開以後，情況將會變得怎樣呢？媽會不會鬧著要離婚？如果眞的離婚了，是幸福是不幸？

或許，這樣做法並不聰明。遭受打擊的可能不是馮頌西，而是爸。當爸向馮頌西算帳時，厚顏的馮頌西一定會說：「是啊，我跟琢如確實有一段情，但那只是因爲她的丈夫養不活她。」如此這般，爸將如何掘地自容？

既然是此路不通，漫遊的莫之茵決定去追蹤母親跟馮頌西祕密聚晤的所在。她立刻變成了一個女偵探，機警、謹愼、縝致、細密。她推測，在午後的三、四點鐘之間，母親的工作較空，她必定會去附近的咖啡室閒坐，而馮頌西也必定會在那裡等她。莫之茵悄悄地隨著母親走進去，她巧妙地不讓母親發覺。在屋角盆栽棕櫚的葉子的遮掩中，她果然瞧見了那個帶有消毒藥水味兒的馮頌西就坐在那排卡座上。母親則在他的身邊坐下來。兩人開始肩並肩，臉貼臉地親暱地密語。

莫之茵坐在卡座上啜著咖啡，一匙一匙地，苦，沁透了心頭。她耐心地等到母親離去。然後，她筆直地走到馮頌西的面前。

我是莫之茵。

哈，哈，之茵，你以爲馮伯伯的眼力是這麼差嗎？我當然認得你。你是什麼時候進來的？

我來了好一會了，我看見你跟我媽在親密地談話。我警告你：你以後少跟我媽來往，否則，我要到法院告你。

馮頌西乾脆點起一支煙來。

莫二小姐，你坐下來，我們談一談。

談什麼？

條件。

我剛才已經向你提出一個條件：別再跟我媽來往。是我的條件：我要用錢把你媽買過來。你瞧，你家住的那幢房子，你媽的服飾，你家每月的藥物，哪一樣不是用我的錢買的？

不稀罕。

還有你爸的工作，也是我給的。哈，莫二小姐，你應該放明白點兒！

不希罕！不希罕！你搶走了我家的幸福，那是無價的。

那末，你就去法院告我吧。如果我有罪，你媽也逃不掉；如果我入獄，你媽也一樣逃不掉。出獄以後，我照樣可以開藥房，但你媽卻不見得再能回到原職去。不管怎樣，我吃虧的不會比你們家的多。莫二小姐，你該清楚這一點。

你是無賴！

我只是個商人。我只相信有錢能使鬼推磨。莫二小姐，要是你有本領，你回家去勸勸你媽吧；恕我先走一步，少陪了。

……

而我又怎敢去勸母親回心轉意？

於是，漫遊的莫之茵徘徊在十字街頭。她想起了沈千甫。自從那天跟她有了見解上的差距以後，他一直沒來看過她。眞有這樣的忙，還是眞的在生她的氣？

漫遊的莫之茵在一處公共電話機旁站下來，撥電話到沈千甫的宿舍去。

喂，千甫，我是之茵。

噢，之茵，你怎麼突然想起打電話來？

這個，問你呀。你好久沒有來看我了，眞的忙得抽不出空來？

眞的是忙，不過，還有一個原因，自從那天我們有了歧見以後，我怕我倆見了面，又會鬧得不歡而散的。

你怎麼會這樣想。我根本沒有把這件事放在心上。

但我卻無法忘記，因爲你還在做那個工作。我不喜歡那種工作。

你太專橫，是你太不尊重我了。我們又沒結婚，你無權干涉我的自由。

當然，我們甚至還沒訂婚哩。

好，這話是你說的。

不錯。這電話可是你打來的！

我沒想到你這麼薄情。

我也沒有想到你這麼倔強而又低級。

反正要散手。乾脆趁早！

你說對了，要散手還不如趁早！

漫遊的莫之茵無力地倚在牆上。滿街的車輛往她的胸上壓來。

我靜立在電梯旁，重疊的想像無情而喧鬧得尤甚於那些在我身邊一掠而過的陌生的顧客。

於是，有一天傍晚，我聽見有人在喚我。原來小美人從中、南部度假回來了。她一手搭在我的肩上，鄭重其事地端詳著我，然後，只看到我臉上的笑、身上貼切的制服，她說：

「之茵，站站也蠻不錯嘛。你彷彿長高多了，也健美多了！」

「別取笑了。我是啞子吃黃蓮，有苦說不出呢。誰像你那樣有福氣，可以到親戚家玩，一玩就這麼久。」

在這一刹那，我的確很羨慕小美人。她在中、南部獃了兩、三個月，粉白的臉晒得紅艷艷的；即使在百貨公司裡的白蒼蒼的燈光下，仍熠耀著健康的光澤。我不禁惦念起那個居住了十八年之久的南部小鎮來，熱得那麼盛烈、爽朗、樸質。那裡很少有人用冷氣機，一叢綠蔭就是一團陰涼。樹是人們的友伴，柔祥而又茁壯，而現在，我站在這裡，放眼望去，看到的無非是玻璃櫥窗裡的些許塑膠葉子，那樣永恒地綠著——硬把活潑的綠窒死在那裡。倘若我把這幅情景帶到睡夢中去，那我定會憾然而泣，彷彿我自己的綠色生命也埋定在這茫茫的燈光之下。我乍然發覺自己實在討厭這種電梯小姐的工作，實在不適宜於做這種工作，只是沈千甫比我自己更早發覺罷了。我不該因他的指摘而感到惱悻。他的話只是一根手杖，揭去了我的那層自我掩飾的花布。我一開始就尋覓各種理由去支持它，那只是因爲我一開始就無法信任它。那不只是寂寞而已，而是整個環境跟我格格不入。儘管我能耐心地在電梯旁邊站上十年，我也不可能成爲這裡的一份子。如果我眞要打電話給沈千甫，那末，我的第一句話要說的話該是：請他原諒。

小美人霎霎眼睛，滿臉的得意：「可不是，我幾乎不想回台北啦。媽接連寫信催了我好幾次，但我竟一點兒也不動心。連自己也驚奇呢！」

我點點頭。因爲已經到了換班的時候，我就挽著小美人走向洗手間去。小美人繼續說：「看慣了海濱風光、田園景色，總覺得都市有點兒俗氣。把幾隻小盆景當作寶貝，簡直是大驚小怪。」

我洗了臉，換上便裝。鏡子裡的我，是個都市少女。小美人站在我旁邊，忽然說：

「之茵，你好像有心事！」

我挺挺眉。「誰說的？」

「我看得出來：你不說不笑的時候，臉色十分凝重，活像一個聯考落榜的學生。」

「沒有這回事。」我又用笑去遮掩。

小美人說她要作東，請我上館子，爲了表示這兩、三個月來她一直沒有寫信給我的歉意。當然，這只是她想出來的一個並不十分充分的理由。她的家境好，她不願我把我微薄的薪水花掉十幾分之一。她並不遲鈍，她已經看出來，我的錢掙來不易。

小飯館裡的顧客很多，在這秋天已然來到，而夏天的餘熱尚未全消的時日裡，冷氣並沒有把那份熱烘烘的氣氛殲滅。我們要了一道炒雞丁、一道蝦仁豆腐、一碗三鮮湯。小美人說：

「對了，我在南部碰見過胖娃娃，她住在她姊姊家裡，每天打籃球、游泳、跑步，人變得高了、瘦了、黑了，再也不像胖娃娃了。」

「那太好啦。」

「聽她說，白楊在南部有了奇遇，一回到台北來，就要訂婚。」

「啊，又是一個好消息。回來要好好地敲她一下。」

「我早想好了，等她回來，要他倆請我們吃一頓西餐，那一天，你把你的沈千甫也邀來，可別忘了。」

「沈千甫？我可不能替他作主。」

「怎麼啦？聽你口氣，你們倆彷彿在嘔氣。」

「也不是嘔氣。他只來看過我一次，說是功課太忙。我怎麼邀得動他？要不，他早該來看過我好幾次了。」

「我不相信他會忙成這個樣子。他如有情，這次，他一定會來，否則，也就不必說下去了。」

我和小美人走出了飯館。夜街傾瀉著流麗，那是我們熟悉的街道，但驟然間，它又似乎顯得陌生起來。小美人若有所感地說：

「多快，畢業才幾個月，大家都變了。我甚至不敢幻想未來；未來看來很美，但也處處是暗礁。且先不談工作。作爲一個女孩子，遲早總得出嫁，我打算在最近幾年裡結婚，但婚後，假如發覺我所嫁的竟是一個我所不愛的男人，那該怎麼辦？」

「這可不是你以前的想法啊！」

「誰說是呢？所以我說，大家都變了；或許每個人都在變。從童年、少年、青年、中年而老年，無時不在變，因爲時間不容許你不變。」

「你在海濱看海的時候，一定想得很多，小美人。」

她笑了。

我們在十字路口分了手，因爲我還是要到父親那兒去；這已然成了我的習慣，這個時候，他一定會在店裡等我。

幾天後，胖娃娃和白楊果眞相繼從南部回來了。白楊顯得很愉快。愛情總是帶給人們以活力與希望。對於白楊的快速成長的愛情，我只有驚嘆與歆羨的份兒。我最先曾經認爲白楊對於婚姻大事未免太過匆促與草率，但仔細想來，操之過急的婚姻也未必註定會失敗，只要雙方的性格與志趣相投就好。我也曾經感到：當許多二十幾歲的女孩還在大學裡當學生的時候，十九歲的她就做起小妻子來；放棄女孩時期的各種自由，卻去觸及日常生活最碎雜、最乏味的部份，那多划不來。然而，白楊本身並不好看，在台北街頭，有許多的美麗、活潑的女孩，有許多的具有大學生身份的女孩；白楊要是錯過了一次機會，那就很可能躭誤一輩子的青春。有一次，我在百貨公司裡，曾聽到一個女同事說：一個女孩子要不是繼續讀書的話，那末，到了二十五、六歲，在選擇對象時，就不免會顯得手忙腳亂的。這樣說，犧牲幾年無拘無束的生活，似乎又是值得的了。

大家都說，做女孩子最輕鬆，很少工作的壓力，所以沒有什麼好苦惱的；其實，女孩子的苦惱跟男孩子的一樣多，只是型態上不盡相同吧了。

如果現在，沈千甫已經畢業，已經服完兵役，而且已經有了工作，我願意結婚嗎？

是的，我願意，十分願意。

可是，我跟沈千甫，論婚嫁事，卻還需經過一段久長的時日，而且還有——且說，這一陣子來，他是否仍然記得那次小小的爭執。

要澄清這一點，我就應該打電話去約他，不管後果會如我在電梯邊想像的那樣糟。

然而，當我眞想打電話給沈千甫時，我才搞清楚：沈千甫在他校園的電話亭裡可以很方便地打電話到我們公司裡來找我，而我要打電話到他學校裡去找他，那可不是一件簡單的事；因此，我只得改變方式，寄一封限時信去告訴他：我的一個好友在最近訂婚了，她要在星期六請我們大家吃晚飯，也邀他參加。「你抽不抽得出空？如果沒空，請不必勉強。」我在信末這樣寫道。我給他留下一個拒絕的餘地。要是他還存著芥蒂、打算開始疏遠我的話，那末，這將是一個開始。

第二天午後，我就接到了沈千甫打來的電話：

「喂，之茵，信收到了，最近我眞是忙壞了，簡直沒有離開過校園。」

「要是你抽不出空的話……」

「吃一頓飯總有空的，況且，我們也有好久沒見面了。之茵，我們決定在哪裡碰頭？」

「公司。」

「好啊。我會準時到達的。你仍站在電梯邊吧？」

「是的。」我回答得很不自然。

「很好。你在電梯邊，那我一下子就可以找到你的。」他說。

第十七章

我注意著一個跨上電梯去的綠衣少女，因爲她那露在短裙下面的雙腿纖美而修長，她那披肩的長髮縱非純然烏黑油亮——因爲梢端帶著燙髮留下來的褐黃——但卻是這麼細柔而自然，在緩緩的上昇中，飄逸得猶似凌波的仙子。我懊悔起我昨天在公司的女裝部裡買的那件胸前飾著白色花邊的水紅色的洋裝來。爲什麼昨天就沒想到要買綠色的，自己不正在懷念鄉村的綠嗎？而且，倘如自己能有那個女孩那樣清雅，那該多好！沈千甫不曾嫌過我臉上的那些俏皮的雀斑，但或許會在乎衣著顏色的大方或粗俗。

哎，那件衣服簡直是白白糟蹋了。現在，它是放在洗手間裡，等一會怎麼能換上它而不感到忸怩、侷促！

就在我這樣猶豫的時候，沈千甫就來到了我的面前，比預定的時間要早一刻鐘。「啊！」我的那份驚喜是無法形容的，宛如我根本不知道他今天會來、或者根本不期望他今天會來似的。

「來得太早了嗎？」沈千甫笑著，挺愉快的樣子，然後接著說：「我上次來時，你已經下班了；我看，之茵，你站站也蠻不錯嘛！」話語跟口氣與那天小美人看我時的一模一樣，是調侃，還是安慰？一剎那，我的臉變得火燙。

「練腳勁嘛！」我報他以微笑，但卻是苦笑。我催促自己往高興的地方想他今天畢竟應約來了，可見我在他的心上不是沒有份量。幾星期的不見，他的臉色有些蒼白，眞是書本和實驗室把他壓得這麼苦！比起他來，我眞是空閒得多。用各種想像來折磨自己，何苦來？幹嗎不去面對周遭的矞麗、璀璨，而要踟躕在迷陣似的蒼茫裡？

「我想，你每天站在這兒，一定可以增加不少見識。」他說。

這簡直是言不由衷嘛，我又不是新聞記者。

當然還可以談些別的。但是談些什麼呢？以前我們在公車上碰面，我總是想說什麼就說什麼，現在卻是一再衡量、一再躊躇，是對愛情的懷疑、還是恐懼愛情的破碎？

好容易才等到換班。我叫沈千甫在洗手間門外等我。我在裡面洗了臉，換上水紅的新洋裝；越看越覺得水紅色的艷俗。爲什麼昨天會認爲它是青春的象徵？

可是，除了它，我卻沒帶別的衣服來。上樓去跟時裝部門的同事說個人情，且別談是否有同號同價的；即便有，但破壞公司「貨物出門，概不退換」的規定，也不很好。

開開門，看到沈千甫，感到混身都不自在。「眞不湊巧，今天帶來剛巧是件水紅色的。你看，我穿著不太好看吧？」

「不錯啊；眞的，很不錯啊！你怎麼說它不好看，而且，它還是新的哩！」沈千甫笑咪咪地。

「你是故意這樣說，讓我高興的。」

「怎麼會？這件衣服眞的不錯。尤其是來百貨公司上班，穿得太素了，就顯得黯樸樸的。」

我們一起走出公司，走了一小段路，沈千甫突然說：

「其實，我們何必這樣快就從公司出來；我們還有時間去冷飲部吃些冰淇淋。」

「何必呢？或許別人也早去了。」

「我想跟你說幾句話。」

我停了一下，暗暗地瞅了他一眼。難道他是想談談我的工作？我本來就在這樣打算：只要他能懇切地跟我再商談一次，說他實在希望我另換一個職業，那我將會很樂意地答應他把這份工作辭掉。也許我會因此而被母親、姊妹們嘲笑，但我不在乎。

「我們邊走邊談也不錯呀。」

「是啊，我本來認爲坐下來談要比較鄭重一點。我就是這樣，在某些方面的觀念不免古板了些；之茵，你不覺得嗎？我實在是不夠現代。」

「誰說的？你怎麼突然謙虛起來了？」

「不是謙虛，而是實話，在有些觀念上，我還無法跟現代的社會取得協調。譬如說，關於你工作的這件事。你對我這一點的執著，很不滿意吧？」

「啊，我這樣說過嗎？」

「我們上次碰面時，還爲此發生過歧見。我實在有點兒傻，我爲什麼要反對？你有你的興趣，同時，這也畢竟不是一個太壞的工作。我希望別人的想法都跟我的一樣，可能嗎？」

「你是眞的改變想法了？」我問，但我卻在心裡說：我自己倒改變想法了。照管電梯實在不是一個好工作，非常勞累，非常寂寞，也非常沒有前途。

「是的，我只想跟你說清楚：我現在對你的這份工作並不反對。」他說完，還捏住我的手。「今天，我看你穿著制服，站在電梯邊，倒怪有風姿的。」

「你眞好。」我感激地說。

那晚，白楊和她的未婚夫在大飯店裡請我們吃西餐，大家還高興地喝了一些白葡萄酒。出來時，天開始飄起雨絲來。他們乘車走了，我跟沈千甫卻共頂著一把小傘，在雨中漫步了一會。他問起爸的事，我只告訴他，爸有了工作以後，心情已經好多了。他說這是他樂於聽到的，同樣地，也是我應該高興的。對這，我沒有作任何的回答。

以後幾天，一直是細雨飄忽。從某一角度上看去，彷彿整個的台北市都被罩在一個龐大無比的玻璃櫥窗裡。百貨公司裡的顧客自然少了許多，電梯上常常只有一、兩個人在浮升。我的一些同伴，不是搽脂抹粉、顧影自憐，就是在三兩成堆地閒聊。雨天的時候，孩子和老人來逛百貨公司的很少，我也乘機湊到她們中間去。她們多半是在談論服飾與化妝，好叫自己能夠更美一點；宛如人生就只剩下了一套華服和一隻面具。

「喂，莫之茵，你怎麼只聽不說啊？」一個同伴說。

「我沒有那方面的經驗。」

「莫之茵是個學生店員。」另一個說。「你看她眼線也沒畫，眉毛也不修，指甲也不搽蔻丹，她以爲教官還在旁邊監視著她呢！」

大家都笑了，我也湊和著笑，笑得雖然熱鬧，但內心還是那麼冷孑。晴天裡，寂寞是塊堅餅，啃起來，硬梆梆地——聽起來，似乎還有點兒克喳克喳的聲音；到了雨天，寂寞就如泡泡糖了，黏嘟嘟地。我眞希望沈千甫又會霍地出現在我面前，拉著我的手，說：「之茵，離開這個工作吧；離開這裡，住到我南部的家裡去吧。那裡是你熟悉的地方，暫且做我母親的女兒；她會像愛我那樣地愛你的。如果你閒得無聊，就去當鄉村幼稚園裡的老師，或者農會裡的櫃台小姐吧。之茵，不要說『不要』，你跟著我走就是。」那我準會像個盲者，閉上眼，牽住他的手，隨他把我帶到哪兒去。然而，沈千甫卻沒有來。那天，我下了班，吃了經濟客飯，依舊踩著細細的冷雨，到爸工作的行裡去。拉下覆在髮上的那塊淡黃三角巾，甩去髮梢上的一些雨粒，一派無憂無慮的樣子。爸楞楞地看了我一會，隨後冒出一句似天眞而又似感概的話來：

「之茵，我老覺得你還是一個小女孩，那個在岡鎭小院裡跟我一同栽花澆花的小女孩！」

「爸好懷舊啊！」

「難道你一點也不？之茵，你說說看，難道你一點也不？」

「我也忘不了那個小院，那猩紅的耶誕花，那金黃的桂花，還有那像金喇叭一般的金針花！我愛它們，我愛它們！」我說著、說著，就激動起來了。望向街道，雨霧中的燈光全變成了猩紅與金黃。

時間還早，我也就在空椅上坐了下來，聽爸跟三位同事談未了的話題。他們本來在談士林的盆景展覽，那株一百多年的古榕，植在尺許的方圓之內，樹姿雄奇，氣概萬千。有時，士林或XX銀行的樓上也有蘭展，碧綠、嫩黃、淡紫、粉紅……葉有葉的美，花有花的麗。好些蘭花，根附在蛇木板上，花便成串蜿蜒而下，猶似展姿於幻想的崇崖峻壁之上，把山嶽的一份靈氣帶到人世間來、帶到都市的鬧街上來。你不是常常看到在金玉滿堂的銀樓的櫃台上，擺著那麼一盆蘭花嗎？在私人醫院的掛號、收費處也擺著一盆蘭花來添加一絲雅潔嗎？還有，那些中藥房和西藥房，同樣也不忘在蘭花盛放的季節裡，在櫃台上擺上一盆嘉德麗雅蘭、石斛蘭或者拖鞋蘭什麼的。對啦，莫先生，你有沒有注意到，介紹你來這兒的馮頌西，他的藥房的櫃台上，有時也放著蘭花嗎？怎麼，你沒注意？你從來不去他的藥房？以後，你不妨留意一下。他家有幾盆蘭花的品種很不錯，反正他也是附庸風雅吶，有了錢囉！據認識馮頌西的一位朋友說，藥房後面天井裡的一個竹棚下，掛滿了蘭花，大多是買來的，有了錢囉！二十幾年前的馮頌西哪，嘿，不是我在他背後掀他的底牌，只是在一家私人小診所裡幫忙包藥的！這些，當然很多人都忘了，因為他現在有了錢囉。莫先生，既然你跟他只是朋友的朋友，那末，我們說說也不妨事。自古以來，許多有錢的人都是出身貧寒，硬是苦苦地闖出來的；只是馮頌西卻不一樣，他的錢來得太快、太容易了。他那離婚的妻子，你見過沒有？是個死了丈夫的寡婦，聽說，他還是靠了她的一些錢才起家的。她雖難看了些，但很能做事、吃苦，忙裡忙外的，幫了他不少的忙。到後來，卻散了夥。由此可見，馮頌西這個人可以共患難，卻不能共安樂！也可以說，他這個人是很工心計的，表面上，你看他文質彬彬，一派紳士模樣，看到人總是笑咪咪地向你點點頭，但肚子裡，卻是詭計多端。反正是，正式的妻子離婚了，圖個無妻一身輕，也不再娶，也不往舞場歌廳跑，卻在牌桌上搭上了一個半老的徐娘。據別人說，那個女人哪，確有幾分姿色，能力也強，書也比馮頌西讀得多，只是馮頌西有了錢囉，而且，馮頌西是一表人才，又會獻慇懃。那女人哪，丈夫整年整月都不在家，就樂得找外快。男女之間呀，就是這麼一檔子事，但越忙就越有理由往外跑。莫先生，馮頌西這個人，並不是什麼好人，好在你們是朋友的朋友，我掀他的底，也傷不了你的心。

……

當爸的同事還未說完，我曾幾次站起身來要走，可是爸卻坐著不動。開始，他似乎只想了解一下馮頌西，他似乎只想印證一下他對馮頌西的看法是不是對，但話題卻迤邐而下，直接觸及了他的本身。他想逃避，卻又想徹底弄個清楚。他不時喝著茶，不時用手帕擦額角，用來掩翳他神態的不安、內心的憤鬱；那是我注意到而卻爲別人所忽略的。當我們終於離開時，我扶著他走出店門去。他走了幾步，掙扎著。他一聲不響地抬起左手，按住額角。

「爸，你又頭痛了？」

「嗯。」

「爸！」

「……」

「爸，我們早該離開的。」

「……」

「爸！」

「別說了，我沒什麼。」

「爸！」

「之茵，別說了，別說了，我沒什麼。」

「我們坐計程車回去。」

「算了，我可以走回家去。我喜歡我們爹兒倆這樣悠閒的散步。」

「爸，還飄著雨絲呢！」

「沒關係，之茵，雨絲兒算什麼，我們曾經頂著颱風天的大雨，給小小的桂花樹架設支柱，你記不記得？」

「記得。」

「那就好了。爸不是一個膽小的人，爸不是什麼都怕的，之茵。」

「我知道。」

那天，我們就淋著細雨走回家去。爸那麼倔強地忍受著他的偏頭痛，連他的臉都因此扭歪了。他還有另一種更劇烈的痛苦呢，那是我看不到、卻能想像到的。回到家裡，兩個人的衣服都已半濕。媽不在家，之蓉說，媽到馮頌西家打牌去了。爸頹倒在客廳的沙發上。

「之茵！」

我拿來了冷手巾把、薄荷錠，還有冰汽水。爸只把冷手巾敷在額上，卻拒絕了別的。

「之茵！」

「爸，什麼事？」

他握住我的一隻手。「我沒什麼。我只是要再告訴你一聲：你最忠厚、孝順，爸最疼你。」

我喉頭梗塞，俯視著爸的前額；兩串淚水滴落在濕毛巾上。

「爸，你要好好休息，什麼都不要想；你要休息。」

爸動一下頭，閉上了眼睛。我守在他的旁邊。我有一種恐懼：爸會不會因此害場大病？可是，第二天，爸卻照常上班去。他只是有點兒灰敗，那是頭痛留下來的影響。第三天、第四天……他都跟以往一樣。他的冷靜，令我訝異、令我安慰、令我感到好像坐在一隻船上，流急、灘險、峽窄，那只船浮在驚濤駭浪中，猶如沸水上的一片葉子，無可避免地要向峻灘、暗礁的方向衝去。然而，猝然，一個浪峰托著它，使它漂向一邊，然後進入一片平靜的水域。我當初的驚駭就成了船尾的逐漸遠去的白色細浪。當我靜立電梯之旁、面帶笑容、迎向顧客時，我的思想就如一隻巔簸的小舟那樣起伏不已。驀然，一個幾丈高的大浪朝我劈來；我外表的平靜與我內心的紊亂既是兩個極端，那末，難道說，爸的冷靜也只是悒鬱的凝聚？難道說，他只是用一張淡素的畫來遮掩裡面的掙扎、搏鬥？難道說………

險灘重重，平靜下是一股湍悍的暗流。

只放晴了幾天，又下雨了。百貨公司裡早已擺滿了各式的冬裝、各式的電熱用具。我們也在制服的外面加上了一件同色的外套，但我仍然感到白茫茫的燈光像薄霜般地落在我的身上、心上。或許有一天，那燈光還會像雪花咧。

在那種寒意、冷雨、薄霜把我團團圍住的日子裡，我照常站在電梯邊；在感覺上，我彷彿已經在那裡站了整整一個冬天了。於是，當黑夜來臨之後，在滿街的燈光催促之下，我又去到爸工作的行裡。爸正平靜地在跟同事們攀談，而且迎我以笑臉。我化驗著他的笑，他的笑意是如此怡懌而慈祥，不摻有任何的雜質。然後，我撐起一頂傘，我們父女倆就躲在小小的布屋頂下漫步回家。在途中，他一再誇讚我是個孝順的女兒；我說，但願我微薄的孝心能夠帶給他一點人生的歡欣。

那天晚上，媽赴宴去了，爸和我在客廳裡下象棋。我才學會下棋，但他並不嫌我下得差勁，反而興趣特濃，下完一局，又是一局。我們根本不在乎誰輸誰贏。直到十一點鐘，姊姊和妹妹都睡了，我們仍未住手。我是有意順著父親興致，陪他解解悶兒；他呢，似乎決心要把我教好那樣，每下完一局棋，他就說：「之茵，我眞想把我所會的東西統統教給你；譬如，那還過得去的書法、那還不算太差的應用文的寫作技巧、那不足稱道的棋藝。人老了，就想把什麼都挖給兒女了。」

「爸，你還不老。」

爸沒作聲，只報我以微笑。他靜靜地望著、望著我，然後，悄聲地說：「我們再玩一會，明天起得晚一點，不要緊的。我們隨便去買一點菜就行。」

那晚，下完棋，大概已經十二點多。媽還沒回來。她應邀赴宴，徹夜不歸，已是常事了。大概是有點兒興奮吧，我很晚才睡去。第二天早上醒來，已是八點多。姊姊妹妹們都已上學去。我看到檯燈旁邊，有張紙條是爸留下的：

茵兒：看你睡得正香，就不忍叫醒你。我到市場去買些菜回來。昨天，我們爹兒倆差不多下了整夜的棋，眞是其樂無窮。你說爸精於棋藝，但你不是行家，你是看不出我也常會下錯棋的。

父示

我又閉了一會眼睛，然後起來穿衣、漱洗。不知道爸吃過早飯沒有？如果沒有，我希望跟他一同進餐。無論如何，在九點半左右，我們都得趕到上班的地方去。

爸沒有回來。於是，樓下有人在大聲地喊莫太太，喊聲這麼尖銳、急促，令我很起反感。我沒有回答。那個人還一個勁兒地在喊。我只好打開落地窗，走到陽台上去。那個人就對著我喊：

「莫先生出了事了！莫先生被車子撞了！在菜場附近，快來啊！」

我不知道我是怎樣衝到菜場附近去的。我看到了爸爸——我哭號著。那不是我的爸爸。昨晚，他還是好好兒的，昨晚，他幾乎整夜都是那麼高高興興地跟我在一起。我只不過睡了一覺。那不是我的爸爸，那是被卡車扯裂成的一堆血肉，那不是我的爸爸。那不是！那不是！

我狂叫著，那不是！

第十八章

父親的慘死，幾乎令我崩潰；我的震悸與哀痛似座冰山，緊壓住胸口。那件悲劇在官方檢驗過後，算是結束了。事情看來是那麼簡單：一個五、六十歲的老人，晚上睡得過遲，早上迷迷矇矇地去買菜，然後又急著想趕回家去，這時，一輛十輪卡車從馬路的那一端駛過來，駛得雖不快，但他似乎還沒完全清醒，不但沒有躲避，倒反往馬路的中心衝去，於是，大卡車從他身上輾過……然而，只有我知道，父親那時是完完全全清醒的。這原來就是他這些日子來經過苦苦的長考所投下的一著棋子！錯也好，對也好，那麼不著痕跡地孤注一擲。啊，爸爸，你這一著棋，走得太殘酷了，叫做女兒的怎麼猜測得到？

姊姊和妹妹都哭過了，哭過也就完了。母親也哭過了——當她得到了訊息、趁著汽車趕到現場來時，號哭著撲倒在已給蓋上了白布的爸的身上。媽的號哭聲很宏亮，因爲她有足夠的理由悲慟。人們都去扶她、勸她；一個可憐的寡婦！

出殯那天，馮頌西來了，田談書校長來了，沈千甫一家也都來了。誰都注目於我母親的哀愴，勸她離家幾天，出去散散心。誰也沒有注意到眞正傷心的則是我。喪葬完畢之後，我呆在屋角裡，想著父親身受的種種。經過重重的挫折，他願意以謙卑的忠誠，牢牢地厮守著那個建材批發行裡的位置；而後，他竟發覺這個馮頌西賞賜的位置，卻是由無數的荆莰與利鏃所製成，他每一轉動，就被戳得鮮血淋淋。但在別人看來，他那沁骨的劇痛，卻是小丑的一種自我作踐的可笑行徑。或許，他可以離婚，帶著他僅有的十幾萬元的退休金，賃屋而居；不過，這樣一來，他大部份的生活費用又將從哪兒來？他是絕對不願由他那並不能幹的二女兒之茵來挑起這個重擔的。

沈千甫走近我，勸道：

「之茵，你不能像這樣地縮瑟在牆角邊，你要堅強起來、振作起來；伯母還需要你的照顧呢！」

「媽不需要我的照顧。」

「之茵，你在這個時候不該說這種話。我知道，你愛你爸甚於愛你媽，但在這個時候，你不能這樣想。你已經失去一個親人了。」

我無理地推開他。「我知道，我完全知道；謝謝你勸我的一番好意。」

「之茵，你要想開些！」

「你叫我怎樣想得開？你要我馬上忘記爸、忘記爸曾經存在過？」

「之茵，你太激動。」

「但是，你要我怎麼辦？是我的疏忽嗎？是我不該在那天晚上跟爸下那麼多盤的棋子，卻仍猜不到他會走這一著棋！」

「你可不要責備你自己，雖然那天晚上，你跟伯父下棋下得實在太晚了，雖然那天早上，你如果能夠跟伯父同去菜場……之茵，那是不能怪你的。生死就有那麼難以逆料。」

「千甫，你不明白這……」

「你得保重。過幾天，你自己也要上班去，傷心得過分，太損身體。之茵，我看，或者你乾脆把工作辭掉算了。」

「辭掉？」我問。「辭掉？爲誰辭掉？」是的，我曾經打算爲你把工作辭掉。爲你，知道嗎？千甫，我不說，我要你說出來。

「當然是爲了你媽。姊妹當中，你最會管家，你媽需要你的幫忙。你可千萬不要去計較之荷的辛辣，之蓉、之堇的胡鬧。之茵，現在不是計較這些的時候。」

「謝謝你，謝謝你，千甫。你想得眞是太多了，太爲我們這個家著想了。」

「哪裡？這只是我個人的看法。昨天，爸、媽和我，都曾偷偷地商談過這件事情，我們覺得只有你能夠把這個家暫時支撐一下。」

「謝謝你，謝謝你，」我說。「謝謝你，謝謝你，千甫。」

我閉上眼睛，不再說話。眞的，再沒有什麼可說的。在這一事件上，我和沈千甫之間的想法是兩條交叉的線，曾經會合過，但現在卻已各走各的路了。父親是這麼苛刻地對待他自己，又這麼寬大地不留給母親以一點讓人非議的痕跡；或者說，他給自己製造了一個慘烈而悲壯的結局。

然而，我沒法原諒母親。

因此，我也無法幫助母親。

我忡怛於我們母女間感情的稀薄。童年的記憶像浪濤那樣湧來。在岡鎮的那些年中，我渴想母親，就像熱天裡渴想一杯冰水。小小的心靈裡，把母親的形象一再地加以美化：她是最美的花、最綠的樹、最白的雲。而如今，在我看來，她卻是一塊既冷又硬的花崗岩。這是一個家庭悲劇。這悲劇的種籽是在十年之前就埋下的。眞正有智慧的人，應該早就明瞭家是一個整體，不容分割。

請了一星期的喪假以後，我又恢復工作，重新站在電梯旁邊了。那越來越刺人肌骨的寒風以及越來越接近的年關，只是把更多的顧客趕到公司裡來添買衣物。燈光下的欣悅、忭躍，像春天山坡上的野草，在繁殖、在蔓延。不論我從哪個角度望過去，滿眼都是笑的影子；望著如許衆多的非要滿載而歸就不甘休的歡樂的人們，我感到渺小如父親的死亡，以及渺小如我的哀戚，都像細沙一樣，被掩沒、被埋葬了。

父親的死，是個錯誤。我想。

在家裡，悲悼的氣氛也沒有持續多久。春天來到的時候，客廳裡換了一套新沙發，黑白電視機換了彩色電視機，並且把一年前爸從岡鎮運來的一些舊傢具、舊檯燈什麼，都賣給了收破爛的，我只留下一些小物件，作爲紀念品。爸的那張放大照片從客廳顯著的位置上移到我們的小臥室裡來，而那塊空白馬上就被馮頌西送來的一幅刺繡代替了——那是一叢艷麗的牡丹花！

馮頌西似是最有充分的理由前來我家的客人——可不是，對爸的身後事他還是出力最多的一個哩！而現在，當然是來勸慰媽了——他永遠是這麼整潔而溫文有禮，常常在晚上，他跟媽坐在客廳裡，兩人相隔只有尺把的距離，用同式的玻璃杯喝著綠茶。他總是輕言細語的，彷彿是個很有學養的人。我恨死了他的假面與僞態，使我沒能抓住什麼藉口來跟他爭吵一場。在他不來我家的晚上，媽就出去打牌，然後，十點半時，電話來了：她要在老馮家裡打個通宵，不回家了。

「哈，媽又要贏錢了」天眞的之菫說。「明天，我又可以向媽要零用錢了。」

有一天下午，我站在公司的電梯旁時，看到在無數的顧客之間，雜著媽和馮頌西。他在陪媽買香水、耳環，然後又走向電梯來。他看到我，微微地笑了笑。「咦，之茵，原來你是在這兒工作啊！」我在這兒工作業已半年多，難道他到此刻才知道？連這些小事，他都要假言假語呢，還說別的？

我木著臉，默不作聲。他只好訕訕地回過身子，扶著媽踩上電梯去。他們在樓上一定又買了好些東西。我可以斷定，他一定替媽買了新睡袍，因爲那晚我回家時，一眼就看到媽正穿著一件黃底紫花的嶄新的緞質曳地睡袍，坐在客廳裡。在她身邊的，當然是那乾淨得像噴過消毒藥水的馮頌西囉。

「之茵！」媽看我要往臥室裡鑽，喊道：「你把手提袋放一放，先替馮伯伯倒杯茶來。」

其實，馮頌西的玻璃杯裡還有半杯茶，媽是有意要我來這一下服務的。我捧著這杯子，不覺得手燙，只感到心痛。是我那一時刻的心神不定、抑或是我對馮頌西的憎惡，已經溢出杯外，當我走到他面前時，我手中的杯子向前一傾，小半杯熱茶就潑在他的西裝上衣上。他趕忙跳起來，用手帕去拭拂：一副狼狽相！

媽一邊用她的新睡袍幫他揩擦，一邊怒吼：

「死丫頭，今天神不守舍，連端一杯茶都不會了！」

我站著，不動也不響。

媽繼續罵道：

「今天在百貨公司裡，就看見你一副死相。馮伯伯是長輩，跟你打個招呼，是抬舉你，你居然不吭一聲，是聾了，啞了，還是快要死了？」

馮頌西說：「沒有關係，沒有關係，徐主任，你別罵之茵了，這只是小事，明天我把這套西裝送到洗衣店去洗一洗，也就是了；一點點小事情，何必動氣？」

「小事情？她不把我的朋友放在眼裡，就等於不把我放在眼裡。死丫頭，膽子越來越大了。」

馮頌西連勸帶推地，反叫媽先坐下來。我還是站在那兒。我不知道爲什麼還站著。可能是因爲我心裡有許多話要說，只是憋在那裡，說不出來。

馮頌西裝成一副好好先生的樣子，臉上依然敷著笑，對著我說：

「一定是你太累了，你整天站在電梯旁邊，怎會不累？之茵，你說是不是？」

「我有點兒累。」

「這不是個好工作。」他說。

「雖然不是好工作，畢竟是我自己找的。」

「我替你找個比較好一點的工作，好不好？比方說，機構裡的辦事小姐。」

「我不要！」

「爲什麼？」

「我不要你施捨！」

「唉，你怎麼說這種話？」

「哼，你認爲我要你施捨、要你憐憫？」我激動起來，聲音也變得尖刺刺地。「我不要你像對待爸那樣地對待我，我不領你的情！」

一個巴掌落在我的臉上，是媽打的。「死丫頭，你這畜生，你清醒、清醒；我問你，你是在對誰說話！」

「我清醒，我清醒得很，我不領他的情，我不是傻瓜！」

「滾！」媽嚷。「你滾，你不是我的女兒，這兒也不是你的家！你有本領，你就滾！我早就看出來了，你心中只有你那個爸，沒有我這個娘；我不希罕你這個女兒！」

我非常冷靜、非常冷靜地說：

「我會走的；我也不喜歡這個家。叫別人來看看，這哪裡還像個家？而且，媽，你自己也清楚，這許多年來，我也沒有從你那裡得到過愛！」

媽繼續罵著，我已經走進臥室裡去。對家，我的確已毫不留戀。我早預感到我跟媽、跟馮頌西的衝突總是免不了的，只是早晚罷了。二十歲的我，雖在鄉下長大，卻絕不是一個舊禮教的擁護者。我不反對女人的再婚。我只是認爲，既然媽對爸早已沒有了愛情，那她儘可以正大光明地提出離婚的要求，這樣，至少爸也不會提早退休，不會在飽受凌辱、走投無路之後，落得這一悲慘的下場。

畢竟，我在公司裡也已工作了半年多，我一邊拜託同事們代覓房子，一邊也在報上找尋招租廣告。像我這樣低收入的女孩，要單獨租間「雅房」原是不可能的，結果，租到的是間陋巷裡的違章建築，這是一個叫做尤玉枝的女同事介紹的，她就是租住在這間違章建築裡。

我事先沒有把遷居的事告訴沈千甫，那是因爲惟恐他會列舉許多反對的理由。我深以爲這件事應該由我自己來作主。在陋巷裡住下來以後，我才發覺都市的陋巷跟鄉村的陋巷也有很大的不同。鄉村的陋巷屬於單純的簡陋，巷子雖狹，而且可能是泥地，卻打掃得乾乾淨淨，許多住戶都已安居了多年，節儉而勤勞。而都市的陋巷卻是複雜而髒亂，那是大雜燴，住著各色各樣的人，有店員、女工、理髮小姐、老去的歌仔戲演員、擺地攤的小販、清潔隊員……他們或許會在那裡寄居一年半載，也許住不到一個月就搬到別處去。陋巷的不遠處是大馬路，是瑰麗的大廈，而這裡卻是一個固執地不肯求進步的角落。那些屋主，幾乎都是霸佔別人地皮擅搭房子的違建戶。他們不僅自己住，還騰出一間或兩間租給別人住。在房租昂貴、房荒日益嚴重的台北市區，很諷刺地，他們也總算給某些人提供了一些蔽風擋雨的處所。

我們的房東是對五十不到的中年夫婦，男的本來是踩三輪的，三輪淘汰後，他並沒有轉入計程車這一行，卻到某個機構裡幹送貨的工作。女的在上午是到附近的大廈裡替幾戶人家洗衣服。兩個兒女是在桃園的電子工廠裡做工。一家人倒也過得很逍遙自在。男的偶而在晚飯時也喝一點酒，喝得不多，卻喝得興高采烈，然後就拉開破嗓子，唱些俚俗的歌謠，喧嘈得直要把屋頂都掀翻了。

我搬到陋巷之後的不久，工作就有了變動：我被調到專售廉價品的那一部門服務，跟一些堆放在一起的過時的或者有缺點的衫褲作伴。這比電梯小姐要自由多了。我只消靜立在一邊，不必慇懃地去招徠顧客，因為那些精明的主婦在逛百貨公司時，幾乎是從來不會放過這一部門的。她們看著、掏著、翻著、比著、商量著，希望能夠檢些便宜回去。有一天，我就在那兒，把兩件包好的短袖女衫遞給一個少婦時，看到沈千甫也站在那堆小丘似的衫褲之前。我既驚又喜地叫道：

「唷，千甫，你怎麼也想來買廉價品啊！照我近些天來觀察所得的經驗，大學男生是不喜歡來這一部門的。」

「是呀，因為現在這兒有了一樣新東西啦！」

「什麼啊！」

「就是你啊！我從底樓一直找到這裡來，你怎麼換了服務的部門也不寫信告訴我？我幾乎以爲你已經離開這家公司了。」

「噢，眞抱歉，那眞是虧你找的。我來這一層樓才不過六、七天，沒有想到你今天會來。我正在考慮跟你取得連絡。我們好久不見了，你最近一定很忙，是不是？」

「就是忙嘛，我剛考完預官考試和期中考試，不久就要準備畢業考；眞把我忙壞了。你一定在怪我，好久沒來看你了？」

「沒有，眞的沒有。我知道你很忙，我自己也是又忙又亂。」我差點兒把租住在外面的這件事說了出來，總算臨崖勒住了馬頭，把話凍結在舌尖上，因爲萬一給沈千甫知道了，他準會問：你住在哪兒呀？那時，我一定不知怎麼回答，因爲那條陋巷實在見不得人的。

「我明白，這次突發的變故已經使你付出了很多。我不喜歡上你家裡去。今天看到你在這兒，臉色紅潤、神情安柔，我很放心。你確實很堅強。」

「我堅強？」我望著沈千甫，感到有些茫然。我什麼都無法對他說，因爲我既然對他隱瞞了某一點，就不得不對他隱瞞全部。

「莫伯母好吧？」他問，彷彿不僅是禮貌，而是關切。他想像中的我的母親，怕還是一個望著我父親的遺像、兀自流淚的寡婦。

「不錯，她已恢復老樣子了。」我不知怎樣回答。說母親已經費力擺脫了悲哀，這對一個職業婦女來說，該是一種妥適的讚辭，暗示她已能化悲憤爲力量！

沈千甫的右手插進衣服堆裡，讓它埋在那兒。他雙目煥煜，欣悅就從那兒滴漏出來。

「之茵，再過兩個多月，我就要畢業了。在服役之前，我大概有二十天的空閒；那段時間，將是我的天下了。」

「好啊，我的準學士，你打算怎麼個消閒法呢？」

「我也不知道。我想，一個人玩兒也沒意思。你是不是可以請假呢？假如你能請半個月的假，我們就可以一同去中部橫貫公路走一趟，然後回岡鎮，在我家住幾天。媽歡迎你去，我猜你自己也喜歡回到那個小鎮去；那兒有許多熟悉的友人。」

我閉上眼睛，瞧見了我手植成排的聖誕樹，還有桂花樹和金針。我之渴望回到岡鎮去，就像一條泥塗中的魚之渴望回到水中去。可是如今，我住在外面，獨立生活，工作對我比什麼都重要。

「我不知道我是否可以請這許多天假。」我對他說。「有時，我們即使請兩、三天假，主管都不高興。」

「之茵，這是我個人的看法：要是他不高興，或者不答應你，你就乾脆辭掉算了。夏天來了，接二連三的大專考試也就跟著來到，我們不談大專日間部的聯考，至少你應該試試夜間部的。我知道你的基礎並不壞。」

我搖搖頭。

「你不想考，是你沒有興趣？」

「目前不想，或許明年，我會去試一下的。」

「爲什麼？」

「不要問爲什麼，千甫。我知道你很失望，但我跟你不同。你一家人都爲你著想，而我卻只有自己在爲自己著想。今天，我說老實話吧，不管我是站在電梯旁邊，或者站在這兒，我都不十分快樂。我願意坐在大學的教室內，但我卻十分矛盾地選擇了這個工作，而且，我還要繼續下去，至少在這一年之內。」

「之茵，我眞的有點兒不瞭解你了！」沈千甫把兩隻手都埋到衣服堆裡去。「那末，你是說，今年夏天，你不可能跟我一起去共遊橫貫公路？」

「很少可能，千甫。」

「啊，那眞太可惜了。我今天一上午都在計劃這件事。我想，畢業以後，留給我的假日也並不很多，然後，我就要投身到軍中去。我們這一屆得服一年十個月的役，那是一段很長的日子。難道你沒有想到過？」

「是的，千甫，不過，我也是不得已。我願意去，但我不能。我知道這一年十個月很長，長得叫我現在不願去想。」

他用力把兩手拔出來，像要拔掉一根木樁一樣。

「我以後有空再來看你，再跟你談談，希望你仍舊在這兒。」

我目送沈千甫走進了升降機。他馬上就要回到那廣大的校園裡去。對他來說，圖書館和實驗室是要比這裡更適合於他的。我很痛苦，因爲我給了他煩惱，也給自己增添了煩惱。剛才沈千甫望著我時，彷彿我是一個他才只見過一、兩面的人。我竭力掩瞞起某些事實，使我成了一個陌生人。我擔心我跟沈千甫會因隔閡而逐漸疏遠。

當然，我仍可以撤消原意，答應跟他同去度假。

但眞要是丟了工作，我還能回到家裡去嗎？還是乾啃那辛苦積下來的萬把塊錢？

誠然，工廠需要女工甚殷，但沈千甫會不會反對？

錯綜的思想在我腦子翻滾、糾纏。下班後，我不想馬上回陋巷，就一逕上小美人的家去。我很想跟小美人談談我的問題。可是結果，我們卻去看了一場電影。我依舊沒有把我的困難說出來，而且，我也同樣沒有把我「遷居」的事告訴她。我怕她問我「爲什麼」，而且，我也不願帶她去見我那陋巷。

十點左右，我就回到住所去，我沮喪時就更懷念起父親來，但懷念卻又使我更爲沮喪。早早地上了床，卻在床上煎熬、反側。不眠的夜晚，老把隔鄰方城之戰的點點滴滴都收聽了進來。以前總認爲陋巷人家在生存這一項目下已經支出得太多，哪裡還有餘暇及此？然而，那是我錯把賭博當作了運動。其實是，太滿足的人喜歡賭博，不滿足的人也同樣喜歡它；勝利的人樂於接近它，失敗的人也同樣樂於接近它。就說我的房東吧，據他說，正因爲一無牽掛了，他一個月裡也總要打幾次小牌找找樂。輸了，一聲不響的；贏了，平日連碰都不敢碰的烤鴨啦、蘋果啦，都買回家來。

我上舖的尤玉枝倒睡得挺熟，但到了半夜，她卻忽然磨起牙來，軋勒勒、軋勒勒地，像在嚼一口細石子，而這口細石子，她又吐不出來，非得把它嚼碎了、嚥下去不可似的；聽了著實叫人牙酸、心酸。我跟尤玉枝同住久了以後，也常聽見她談起她的身世。她也是南部鄉下人，本來是不想來台北的，只是兩年前，嫂嫂住院開刀，借了筆債，他哥哥聽了旁人的慫恿，要把她送到高雄茶室裡去當女侍，這就逼得她逃到台北來找事。「那天晚上八、九點鐘，我假裝去洗澡，便趁著黑，帶了身份證、替換衣服，偷偷從後面溜出來，走到公路上，碰上了一輛正在兜客的遊覽車，一問之下，正好是駛往台北的，於是，我就立刻跳了上去。」尤玉枝說時，臉色一下子黃了下來，彷彿很多怵目驚心的往事正拖著長長的陰影在她身邊掠過。那晚，尤玉枝坐在遊覽車上，一路上都在想：如果台北有個可以依靠的親友，讓她住上幾天就好了，可是就沒有一個。那天，她在台北車站下車時，還只清晨四點左右，天又是下著細雨。抬頭看看，一天的黑；四周望望，除了一些閃光的路燈外，沒有車輛，沒有行人。別人都走了，只有她一個人站在那裡淋雨。那軟軟的雨絲突然變得像針一樣地扎著她，因為她連車站在哪裡也搞不清楚。這是她從未來過的大都市，她不知道該去哪兒才好。眼前是座天橋，她一步一步地走上去。站在橋上，靠著橋欄往下看，下面的馬路像條暗色的河。她站了好久，她想，是不是從這兒跳下去更簡單一點？但她又不甘心，最後還是摸到了火車站。

尤玉枝從此沒有回家去過，而她的兄嫂也不知道她在什麼地方。白天，她很快樂，到了晚上，一閒下來，苦惱也就乘虛而入了。有時，她還做惡夢，夢見在黑巷子裡被人捉了回去；或者，一個人孤零零地立在黑暗的曠野裡，什麼也抓不住；這時，她就會磨牙齒。因此，我聽見她那軋勒勒地嚼石子般的聲音，就知道她是在做惡夢了。

她一陣復一陣地嚼個沒完，而我紊亂的心就更像是顚簸在崎嶇的山路上了。此刻，她的睡眠跟我的失眠是同樣地痛楚。我乾脆拍拍她的床板，把她喚醒。

她翻了一個身，還喘了幾口氣，於是，臉對著下舖的我，問：

「莫之茵，是你喚醒我的？唉，我又做惡夢了！」

「是的，因爲我聽見你在磨牙。你磨了一陣，又磨了一陣，我受不了；想到你在夢中，一定很痛苦，我就更受不了。」我伸出手，捻亮一盞藍罩的裝飾燈。那是我搬進來的第一天買的。在那片幽幽的藍色中，我們直似置身湖畔，而她俯視的臉則如映在水中的倒影。

「眞是的！看我竟把你吵醒了。」尤玉枝顯得很過意不去，便自嘲地笑了兩聲。「跟我睡在一個房間裡，就有這麼不好。上次，跟我同室的那一個，就是因爲受不了我的磨牙聲才搬走的。我事先忘了告訴你，眞抱歉。」

「不是你吵醒的，是我根本沒有睡著過。」

「一定是你的被太厚了，天熱起來了，房間小，你應該蓋薄棉被才對。」她說著，就跳下床來。「我住慣了小房間，不怕熱，我們把蓋的交換一下，好嗎？」她胸前抱著一條薄被，認眞地望著我。

她的語氣和作法像煞是個姐姐，我竟然有種泫然欲涕的感覺。

「謝謝你，尤玉枝，我睡不著，並不是因爲被太厚了，而是我自己心裡有煩惱。」

尤玉枝把薄被丟到上舖去，自己卻在我床邊坐下來。她留著長髮，此刻，她只用一根橡皮圈把它束在腦後，使她看來像個不事修飾的少婦。「莫之茵，怎麼你也有煩惱啊？今晚，在你還沒有回來之前，我一個人坐在房間裡想，如果我是你，在這個都市裡，有親人和朋友可以投靠，我就不會有煩惱了。」

我搖搖頭，一面拉起她的手。「我想，我並不像你所說的那樣無憂無慮，我只是比你稍爲幸運些吧了。」

「今天，我看見你的男朋友來公司找你，你們兩個是不是拌了嘴了？」她乾脆用兩手揉著我的那隻手。她這麼追根究底地，倒不是想刺探我的陰私或隱情，而是想爲我分擔或解決一些什麼，正如她要把自己的身世告訴我的那樣。「是不是爲了這？」

「沒有，我們沒有什麼要拌嘴的，我跟他已經認識這麼多年了，他的脾氣又這麼好！」我說的都是實話，但她猜的也未始不對，我和沈千甫雖未爭吵，但我今夜的煩惱卻的確是因他而起。

「你不知道自己有多好的福氣，有這麼棒的大學生在愛你。我勸你，還是儘快結婚吧，免得半途變卦。對啦，你是不是在躭心那份嫁妝？我手頭也積了兩萬多塊錢，可以先借給你用。眞的，我完全相信你，不是說著玩的。」

這個來自鄉下的女孩，在人心險棘的現階段，竟仍保有著她那原本的淳樸、坦誠，實在令我感慨而又感激。我先謝謝她的好意。我說，倘若我果眞爲嫁妝而煩惱，那我一定會接受她的幫助，只是，我跟沈千甫的感情雖然不錯，但還沒有到談論婚嫁的時候。最重要的一點是，他大學畢業後，還要去服兩年左右的兵役，那是一段不容易忽視的時間；然後，他才能去找事。「所以，你看，要說結婚，也是兩、三年以後的事。」我說。「而且，我們也不重視粧奩」

她縮起雙足，盤腿坐在我的床上，隨又把下巴擱在膝頭上，凝思了好一會。「你有沒有聽說過，在好些愛侶就在男的服役期中散手的呢？」

我一怔。我當然聽說過。有的是女的變了心，有的是男的另外愛上了人。或許我今夜躭心的就是這一點。

「你這個人，眞急死人！」她又跳下來，筆直地站在我的床頭邊。「你爲什麼不跟他說，等他一畢業，就馬上跟你結婚？既然你們不在乎嫁妝，那不是很簡單嗎？莫之茵，你要爭取主動啊；如果讓他跑掉了，你會懊悔一輩子的！」

她又說了許多這類的話語，我發覺自己已經不在聽她了。從某方面來說，這個主意很不錯，但我卻不是這樣的一個女孩。我不願自己像個背包似地甩在沈千甫的身上，叫他先去擔負這個不必要的重荷。

第十九章

每天，我和尤玉枝打扮得漂漂亮亮地到百貨公司裡去上班，誰也不會想到我們是從髒亂的陋巷裡走出來的。我們把華麗和舒適甚至快樂銷售給顧客，剩下給自己的，只有茫然的空虛。我感到我們本身就像一則謊言，這麼美妙、這麼動聽、這麼空洞、而又這麼不眞實。我們只使別人喜歡，卻令自己憎厭。同時，我還發覺百貨公司裡的店員們對陳列的商品，都有兩種極端不同的反應：要不是想把它們擁爲己有，就是對它們木然得絲毫不感興趣；而我跟尤玉枝則是屬於後者。有時，我們在過道之間來回走動，竟對兩旁瑰麗、琳瑯的商品，瞄也不瞄一下；這，連自己都覺得實在是太無情了。

在那種似繽紛而實刻板的工作中，我生活的乏味隨著日子在增加。我渴望一些變化，讓我能在百貨公司與陋巷之間的空隙撿拾一些樂趣。我自認本是一個性情十分溫順的女孩，而現在，卻突然變得非常急躁、毫無耐心。這些，經我一再地反省，才發覺是因爲我的心田沒有足夠的愛汁的滋潤，終於呈現出龜裂來。

等待沈千甫是另一形式的焦灼，因爲它裡面還混和著那份會不會失去他的恐懼。我知道，從初中開始，沈千甫就離鄉背井地爲唸書而備受辛苦。他謹愼、安份、非常重視學業，而且把握得很穩，純然是個學者型的青年。所以，要他在畢業前夕，洒脫地把考試丟在一邊，常來看我，那簡直是不可思議的。有一天晚上，我下班後，糊裡糊塗地竟趁上了駛往T大的那路公車，待發覺搭錯了，卻已駛了好一段路；心想，也好，就去看看沈千甫吧。我已然把感情抑制得太久了，叫自己脹得像個鼓鼓的氣球似的；要不洩出一點氣來，說不定會炸呢！

車子在T大前面停了下來，我跟在別人後面下了車。這裡雖不像西門鬧區那樣被霓虹燈綴飾得花團錦簇，卻依然滿眼是人。或許這只是我那時的感覺：凡是目光拋擲的地方，總有幾個長髮披肩、清秀活潑的女孩。當我向校門走去時，更有三五成群、談笑風生的男女青年不時在我旁邊擦肩而過。我對他們是滿懷的羡慕，而對自己則是極度的自卑、自憐與自責。我前進的腳步有點趑趄。我躭心我會給沈千甫帶來難堪。譬如說，我找到他時，他正跟幾個同學在一起。有個同學記性特別好、眼睛特別尖，猝然說：「喔，我想起來了，你以前不是XX百貨公司的電梯小姐嗎？」（他居然對電梯小姐都留有印象！）那時，且不提我自己的狼狽，怕沈千甫也會覺得自己像是選中了一件贗品似地臉上無光。

但既已進入大門，當然也就不願折回去了，何況在都市裡，有樹木、有草坪的地方本就不多，就算是晚上出來散步遊玩，也值得在這兒走一趟。這樣安慰自己，先使心情平靜下來，信步走了一會兒，這才向一個迎面而來的男生問沈千甫的那幢宿舍在哪兒，怎麼個走法。

我的「求見」，使沈千甫很感意外。他的驚喜馬上在言詞中洩露出來：

「啊呀，之茵，是你啊，怎麼想起今晚來看我？幸虧是今天，要是前幾天，我每晚都在圖書館看書，那你就會撲空了。你應該先來信通知我的。」

他眞的在用功哩！我有說不出的抱歉與內疚。我跟他的家人，不同樣希望他能出類拔萃嗎？我怎麼能這樣不信任他？我對他的懷疑，不就是我對自己的懷疑？站在眼前的他，不仍是這麼溫文而忠誠？

「連我自己也沒想到；只是臨時興起，才來這兒的。你很忙吧？我也沒有什麼事，一會兒就要走的。」我說的很急疾，希望他知道我眞會很快地離開，一邊又自然而然地抬起左腕來看錶。

他拍拍我的胳臂，說：「別忙著就走，我還不在乎這麼點時間呢！我們就在這校園裡逛逛吧。其實，從你搬到台北來以後，這一年多來，我們即使見面，也很匆促；不是你有事，就是我有事，又要躲著你大姊，兩個人就沒有痛痛快快地玩過一整天，想起來好彆扭！」

沈千甫牽著我的手，沿著坦蕩蕩的椰蔭大道走去。夜的柔暗把校園拓展得無邊無涯，彷彿這裡另是一個小世界。我驟然領悟到爲什麼戀人們都有那種逃離俗世、潛跡高山或者孤島的衝動，因爲沒有什麼會比幽寧的環境更使人感到兩心的相屬。我體味到自己從來不曾這麼接近過沈千甫。我所有的煩惱都已化作一縷煙雲，消失於無形。我們走了一段又一段，常常離開椰蔭道，彎入小徑去。在那株樹下站一陣，又在另顆樹旁倚一會；我希望這是一次長途旅行，永不結束。或許沈千甫也在這麼想吧，因爲他說：

「之茵，你看，我上次不是說過，如果我們能去中部橫貫公路旅行一次，那有多好！我們不要坐車，光是步行；帶著乾糧和水壺，慢慢兒地走，多逍遙自在！」

「是的，那會是很美、很美的。」我偎著他，半閉上眼睛。這邊是峰巒，那邊是溪澗，上面是松林的呼嘯之聲，下面是流水的淙淙之音。

「而且，有時，我們還可以順著山徑往裡走，找一處平坦的地方停下來，過兩天原始人的生活。」沈千甫的聲音更輕了。

「啊，千甫，那眞太美了，我喜歡。」搭一個帳篷在群山之中，升一處篝火在星月之下。天籟是我們的樂曲，我們不要觀衆，我們只要自己的歌、自己的舞。

「我在都市裡生活得太久了，我渴望接近大自然。這些年來，我曾再三地努力，但我並不是說這些努力毫無收穫；我是說，假如這些努力眞有什麼成果的話，那就是那張快要到手的大學文憑。不管怎麼說，這總是一個小小的驛站，我理應稍稍輕鬆一下、休息一下，而且，還希望你能與我同享、同樂。」

「噢，我也喜歡那又奧妙、又壯麗、又親切的大自然。你不記得，我是來自鄉村的女孩！」

「那末，你是說，你已同意我上次的建議了？你今天是爲這件事情來看我的？你答應跟我共遊中部橫貫公路？」

我倏然停住步子。我望望四周，柔柔的夜色依然在我四周蕩漾。我不願面對現實，我只願自己在這個幽邈、秀潔的小世界裡馳騁自己的幻想。

「之茵！」

「不要急。」我阻止他。「我現在認出來了，我們已經兜了一個圈子，快要回到你的宿舍了。從這個角度看去，在那叢樹木後面，漏出亮光來的，不就是你的宿舍嗎？此刻，它看來多像森林中的小屋呵！」

沈千甫笑了：「我從來沒有這種感覺；我眞希望有你那樣的想像力。森林中的小屋？多可愛。事實上，我們的男生宿舍是很簡陋、很破舊的。」

「不過，也很美，不是嗎？」

「愛它的人，會覺得什麼都美。或許有一天，我回憶起它來，會認爲這是我住過的最美的屋子。懷念總會把平凡美化的。」

我們走著，又走著。我們一定又繞了一個圈子了。於是，我們就在一幢大樓前的石階上坐下來。

「你猜，我是從什麼時候開始愛上你的？」沈千甫問。

「我不知道。」

「是那個除夕夜。我喚你到我家去吃年夜飯。你看來是這麼孤單、瘦弱，但又如此鎭靜、細心。在那樣的夜晚裡，你甘願獨守小屋；你是一個具有強烈責任感的女孩，從那時起，我承認我媽對你的誇獎沒有過份。」

「但那是夜晚，你一定沒有看清我臉上的雀斑吧？」

「你的雀斑，是我十幾年前就看清楚了的，何必再看？」

「要是以後它們越來越多了呢？」

「那倒可以經常提醒我，叫我不要忘記加法啊！」

我們兩個都笑了。我的那些使我臉孔永遠白淨不起來的雀斑，不僅沒有破壞我們的感情，倒反常常由它產生出某種情趣來。這正是沈千甫的深情和幽默。

「千甫，如果大姊聽見你說這番話，她會氣得發抖。」

「可不是？她現在還沒有聽到，怕已把我們恨得入骨了。」

時間已經不早，我們站了起來，又走上了那條坦蕩蕩的椰蔭大道。我實在不願離開這個小世界，進入光亮中去。

「之茵，我送你回家好不好？就在那巷口分手，不可能被你大姊發覺的。」

家？我早已住在「家」外了。現今的我，要比那年除夕夜你來看我時孤單得多。生長在如此安樂和幸福的家庭中的你，我怎麼對你說呢？捨家而就陋巷？多麼匪夷所思！離開家後，我對它的近況，已無所知。或許馮頌西已經正式成了我的繼父。我寧可他這樣，卻不願他始終做我母親的情夫，讓左鄰右舍指指點點地當作話題。

「千甫，我已經不是一個小女孩了，我會自己回去的。」

我們走近校門口。沈千甫說：「之茵，你還沒有回答我問你的事咧！」

「什麼事？」我假裝糊塗。

「你肯不肯跟我同去橫貫公路度假？」

「哎呀，還早得很吶。這件事，你眞心急，至少，我得向公司請准假呵。」

「你老是戀著那個工作幹嘛？」沈千甫細聲細氣地勸我。「我說過，你如果跟公司方面鬧得不痛快，趁機會辭掉也好。以後，你在家裡，有空時去學學打字、速記，不也很好？」

又是家裡？

「是不是還有其他更好的路可走？」

「你在這一點上實在考慮得過分週詳了。你又不像莫伯父那樣；你年紀輕輕，哪會找不到較好的工作？何況你才不過二十歲，沒有家的重擔抗在肩上，閒上一年半載，又有什麼關係？你姊妹們都在讀書、花錢，難道你母親就不許你閒在家裡？」

他畢竟沒有想到結婚這條路上去；除了尤玉枝而外，還有誰會作這種打算？而我更不願把愛情貶值成爲一張長期飯票！

「千甫，你說得一點不錯，但你摠允許我下次再給你一個肯定的答覆吧。」

他陪我在站牌前等車。爲了要對他隱瞞，我搭的仍是回家的那一路車，我打算在中途再換車。

「之茵，今天我眞快樂。」他說。

「我也是。」我說。我依戀地回頭去望望我們走出來的那片校園，而他，想的可能又是中部橫貫公路的風光。

我回到陋巷的違章建築裡，尤玉枝猶未入睡。她坐在我的舖位上，背貼著牆，雙腿伸得直直地，兩臂叉在胸前，似乎執意要等我回來，但當我走近她時，她卻又像不曾注意到我。我喚：

「尤玉枝！」

她一驚，隨即便說：「你去哪裡了？我等了你好一會了！」她曲起雙腿，兩手抱住膝頭，瞅著我，並沒有離開舖位的意思；看來，她像決心要跟我談一談。

然而，今夜，我倒並不願意跟尤玉枝談論我跟沈千甫聚晤的情形。我想獨個兒佔有那份喜悅。我倒不是不信任她；她不是一個善妒的女孩，但她的愴涼的身世卻使她不由自主地把一小片陰影擴想成一大塊烏雲。我不喜歡聽她說「早些結婚」這一類可笑而又自貶尊嚴的話語。自今夜起，我對沈千甫的愛是認識得更深了。縱然，在某些事情上，我們曾因見解不同而發生過小小的爭執；縱然，在某些方面，我們曾因步調未趨一致而至不能完全依賴對方，但我們將會設法去謀求諒解、協調。我們誰也不是無理取鬧的人。我不相信他會在愛我的同時再去愛另一個女孩，因爲我的缺點，他也早已十分清楚。

「我一時興起，去看了一位同學，一聊開來，就無法收場。」我低頭不去看她的臉，只是換我的鞋、喝我的茶，又拿起我的替換衣服，想去浴室沖個冷水澡。

「莫之茵，我等著你，你快點兒洗。」

我睨了她一眼。她的關懷簡直成了一股葛藤，那樣緊緊地盤纏，窒得我透不過氣來。我陡然起了反感。

「你先睡吧！」

「不，我要跟你談談。」

談就談吧，看我能告訴你些什麼。我很快地沖了一個淋浴，走回來，穿上一件廉價的泡泡紗睡袍。尤玉枝仍像原先那樣坐在我的舖位上，而我也就仿照她的姿勢，坐在她的旁邊。

「莫之茵，我今晚睡不著。」尤玉枝說。

「爲什麼？」我竟然有點冷淡地。

「我碰上了麻煩事。今天，在下班之前，我看到了我哥哥！」她望著前面，聲音很低。冷水浴帶給我的涼爽頓時消失。我混身熱烘烘的。我剛才是多麼地自私，只想自己，沒想到她。她是把我當作惟一的知己的。

「他也看到你了？」

「好像沒有。我管的是胸罩櫃台，我看到他走過來，一下子嚇呆了，也不知道怎麼躲；幸而那些胸罩沒有什麼好讓他看的，他只注意看對面那五花八門的女裝部。他匆匆地從我的櫃台前面走了過去。我看得很清楚，他的確是我的哥哥。他穿著幾年前買的那件淡青色香港衫，我認得它！他比兩年前瘦了、老了，我認得他！」她停下來，我看到她的嘴唇在微微地哆嗦，甚至，我還感覺到她整個身子也在輕微地顫慄。

「看來，他像不是來找你的。」

「我不知道。」

「你是不願被你哥哥認出來吧？」

「我不知道。」尤玉枝彎下頭去，臉抵住膝蓋，但她細脆的聲音經過了阻礙，已變得曲折而微弱了。「我現在眞的不知道：我是不願被他認出來，還是願意被他認出來？開頭，我害怕他來；但等他走後，我卻又想跟他見見面，好好談一談。我剛才說過，他瘦了、老了。或許這兩年多來，他已經打聽過許多地方、找尋過許多地方。他一定後悔聽信了壞人的話，逼得我離家出走；要不，怎會變了這許多呢？我回來後，一直在細細回想他們以前待我的種種。我的哥哥和嫂嫂待我都不錯。他自己只小學畢業，卻讓我讀完初中。平日，他對我說話，也從不粗聲粗氣的。他自己種了兩分多田的菜，又在市場裡租了一個攤位，販賣蔬菜，跟嫂嫂兩個人克勤克儉地養活一家五口。不知怎麼，我越想越難過起來。」

「尤玉枝，你在想家了！」

她抬起臉來，鼻樑兩旁是濕濕的一片。她用手掌把它抹去，但她的兩眼還是濕濡濡的。

「不知怎的，我好想哭。沒有家的人好孤單啊！我想不透，我哥哥現在爲什麼上台北來，他又沒有那樣好的境況，能花大把的鈔票來逛台北！」

我沒法替她回答什麼。

她繼續絮絮地說著。她是整個陷在矛盾與憂慮中了。彷彿一個人一不小心滑落在河灘上，雖然是她自己溜下去的，現在卻希望我來拉她、援她；而我卻不是一個很好的救護隊員，不知道怎樣去解決她的困擾。我只是靜靜地聽著，一籌莫展地。尤玉枝突然喚我：

「莫之茵，你到底在聽我的話沒有？怎麼連一點意見都沒有？」

我告訴她我確確實實在聽，只是想不出任何的意見來。

「我想，我會再看到我的哥哥！」尤玉枝最後喃喃地下著結論，跳下床來。「我相信，我一定會再看到我的哥哥。」

畢竟，我們兩個都是「離家出走」的人。我對她的心情瞭解得十分透徹。長長的兩年已把她對哥哥的怨憤沖淡了，現在，她只記得他細細碎碎的恩義。在以後的一星期裡，她下班回來，一洗完澡、鬆好髮，準會坐在我的舖位上，同樣固執地談論她小時候跟她哥哥相處的情形。我說固執，是因爲她的興致這麼高，不允許我不聆聽她的傾訴。她的語調、她的恣態、她彎下眉來淺笑的模樣，無一不洩露出她的思憶；那是她渴念的復活。一個沒有家的人當然是個飄泊的人，在這點上，我同情她，就無異是憐憫自己。有時，聽著、想著，一滴清淚就滾落在臉頰上。在日復一日的感情的累積下，我竟然變得跟尤玉枝一樣，在等待她哥哥的再次出現了。

有一天傍晚，之董在放學途中，特地下車到百貨公司裡來看我。這個幾乎是我一手帶大的小妹妹，現在似又長高了，她的左手腕上裹了一塊白紗布，是她不小心被沸湯灼傷的。我心裡一陣內疚，總認爲：要是我在家，或許就不可能發生這樁意外。但之董卻一點也不在乎。

她說，這個傷也不是白受的，因爲爲此，媽曾給了她兩百塊錢，馮伯伯也給了她三百塊錢。事情是發生在前天傍晚，馮頌西在我家吃飯，媽在廚房裡燒了好些菜，又燉了一鍋牛肉湯，媽把它盛在一隻大碗裡，要她端出來。但湯太滿了，溢了出來，潑到她的手腕上，幸而，還沒把碗摔掉。那晚，大家都喝了酒，馮頌西和媽喝的是威士忌，她和兩個姊姊的是白葡萄酒。

「好好喝啊，我幾乎喝醉了！」之堇回味無窮地說。我很想問她：那晚馮頌西是不是就住在我家？但總覺得不好意思出口。而且，我也感到，住不住在我家，還不都是一樣。我只望著稚眞的之堇，不知道她的愛好日後將會帶她往哪裡走？

「那天，我聽見媽在跟馮伯伯商量，彷彿想搬家呢！」之堇又說。

「搬家？搬到哪兒去？這房子可是自家的啊！」我竟然有點兒緊張兮兮地。

「當然是搬到更大的房子裡去囉！」這次，之堇顯得比我老練多了。「把現在住的房子賣掉，買一戶四房三衛二廳的，不夠的錢，由馮伯伯出。那不是很好嗎？」

我只有苦笑的份兒。「我想，那新房子一定是買在有電梯的大廈裡，或者是近郊的花園洋房！」

之堇一拍手，說：「二姊，你說得一點也不錯。他們就是這麼說。馮伯伯和媽都是講究派頭的人；不是好的東西，他們看不上眼。二姊，如果我們眞的搬了家，你就向馮伯伯道個歉吧，這樣，你就可以搬到新屋裡來住，多舒服；何必住在陋巷裡，活受罪。我敢說，你只要拍拍馮伯伯的馬屁，媽就會很高興的。」

我楞住了。誰說之董無知呢？她的這一番話，彷彿是個歷經世故的人所說的，無怪乎小小年紀的她，在任何環境下都能適應了。

然而，我卻執拗得不肯妥協。設或在這種情況下，回到大廈去住，那大廈對我將比監獄更要來得可怕。

「別爲我躭心。」我拍拍之董的肩膀，說：「那陋巷的違建，外表很難看，住住倒還不錯。」她聳聳肩，對我扮了一個嘲笑的鬼臉。我在她還未反駁之前，趕忙接了下去：「之董，你好久不來了，二姊想買一點禮物送你，你喜歡什麼？」

她高興得跳了起來。「眞的？我有點餓了，先吃點東西，回頭再看。」

我拜托同伴代我照顧一下，便帶著之董去頂樓吃牛奶和布丁。她邊吃邊告訴我家裡的一些瑣事：大姊最近爲了要應付畢業考試，幾乎每天打補針。媽陪她去做了一件晚禮服，花了三千塊。聽說馮伯伯準備買隻金錶作爲她的畢業禮物。不過，她耿耿於懷的還是沈千甫依舊沒有來看她。說到這兒，之董忽然抬起頭來，望著我說：

「二姊，有一天晚上，你的同學小美人打電話來找你。我說你早已搬到外面去住了。她很感意外，簡直不相信我的話。二姊，你爲什麼瞞著她呢？」

「因爲從家裡搬出來住，總有點兒不體面。」

「不過，有時，你認爲搬回去住，也不體面。二姊，在你心裡，什麼才是眞正的體面呢？」

「我不知道，」我說。我已陷身在什麼都不是的窘境中。我所追求的，或許仍是全家住在岡鎮時的那份融洽、和諧。

之菫臨走時，只要求我送她一件小小的禮物，因此，我就買了一雙別致的涼鞋送她。她歡天喜地地走了。我又回到廉價部門去，傻傻地站在那裡，看成群的婦女如淘金似地，在衣服堆中挖掏。倏然間，我對那些節儉的主婦也起了憎恨之感：就像有些愛逛舊書店的人那樣，逛廉價部已經成了她們的一種癖好以及消磨的方式！看過了，翻過了，即使不買，也感到心滿意足了。

下班後，我就換上便服，去找尤玉枝。這幾天，我都跟她一起去吃飯，然後一起回到陋巷去。人在脆弱的時候很需要朋友，我瞭解這一點。同時，我潛意識裡還有一種恐懼：恐懼她的哥哥已經看見了她，而卻故意不跟她打招呼，只是暗中尾隨，伺機把她騙回去。我對他們兄妹唔面的場面，有了很多的設想——多得怕要超過尤玉枝自己的，這是十分可笑的。

那天，尤玉枝穿了一件白綢短衫，一條純黑喇叭褲，把長髮挽在腦後，一副亭亭玉立的都市少女模樣。然而，她的提議卻純然是鄉村風味的：她想去圓環嚐嚐蚵仔麵。我睇了她一眼，她赧愿地笑了。她不說，我也已經明白這只是她思家懷鄉的另一型態的呈現，因爲，在這幾天的談話中，我已知道尤玉枝在家鄉時常常吃蚵仔麵，因爲她哥哥菜攤的近旁就有一家這樣的小吃攤！「忙了一個上午，快十二點時，肚子就餓得發慌，不必走路，只要你向對面叫一聲，一會兒，香噴噴的蚵仔麵就給送來了。」尤玉枝曾經這麼敘述過。

我不便反對，就跟她一同到圓環小吃攤上去吃蚵仔麵。我們兩人佔據一張狹長木板桌，對面而坐；反正回去沒事，也就悠然地吃著。麵攤的生意不惡，不時有一兩個或兩三個人進來。有些穿著汗衫、腰際塞一條毛巾，看得出是出力流汗的勞動者；有幾個戴著印有××營造廠標準的鴨舌頭帽，那更看得出是在附近興建大廈的建築工人了。不說以前，就說我來台北以後的的這一段時間吧，不論是市內或郊區，眼看多少大廈平地而起；綠地逐漸被啃嚙、吞噬了，台北幾已成了一個沒有綠色的都市。

又有幾個建築工人走進來，在我們右首的桌邊落了座。我們畢竟是女孩子，不便去看他們；等吃完了，便付了賬，走出來。我們邊走邊打量旁邊的小吃攤，看看哪一天興致好，再來大嚼一頓。

走了不過四五個攤位，忽然聽見有人在我們背後大聲喊叫；「玉枝！玉枝！玉枝！」我們回過頭去，瞧見一個戴鴨舌帽的建築工人正向我們跑來，但跑到我們跟前，他卻又吶吶起來：「玉枝，你是玉枝吧？我是你哥阿財！」

於是，我們又走到另一家賣肉丸的小吃攤去。這次是三個人，我、尤玉枝、尤阿財。這些日子來，我們一直以爲他會在百貨公司裡再次出現，卻沒有想到在這裡碰上了他。尤玉枝當時幾乎是以一種憫恤的心情握住她哥的手臂，因爲尤阿財看起來是這麼落拓。作爲一個高樓的建築工人，他不夠強壯、不夠靈快。他穿了一雙黑色連趾襪鞋，褲腰上掛了一條毛巾，活像衛生大隊裡的一個衛生隊員。

我現在親眼看到了尤阿財，才知道尤玉枝說的實在不錯，尤阿財實在是個老實人。他的純篤裸呈在他的臉上，要抹也抹不掉。他是完全屬於鄉村的人，爲什麼會上都市來？而尤玉枝在坐下後的第一句問話也是：

「哥，你怎麼會上台北來？」

尤阿財苦著臉回答：「沒辦法啊，在鄉下混不下去啊！」

於是，他以一種惶慚而悔恨的語調，告訴尤玉枝說，自她走了以後，他就恍悟到他錯聽了壞人的話；他怎麼能把妹妹押給茶室呢！於是，他把菜攤出讓給別人，拿到了三萬塊的權利金，還清償務後，餘下的幾千塊，求神、問卜、算命、登報，到處找她，很快也就用光了。因爲只剩下兩分多地的菜圃來餬口，日子就越過越艱苦了；不得已，才摸到台北來做做工。好在這一陣造房子的人多，只要不下雨，一個月做上二十幾天，收入倒還不錯；每個月，也總寄些錢回家去。只是常常要在天還沒亮的時候到大橋下面去等；人像蔬菜那樣地被人挑來揀去的，心裡實在不好受。

肉丸放在面前，尤阿財很快地就把他自己的一碟吃完了，尤玉枝把她自己的一份推到他面前。他抬頭看了我一眼。我說，不要客氣，我們都吃飽了。於是，他又吃完了第二碟。我很想把我的那一份也給他，但可惜剛端上來時，我已嚐了一口了。

尤阿財用他隨帶的毛巾抹抹嘴，苦笑笑：「就是這張嘴不好，每天要吃許多東西；辛辛苦苦打工賺來的錢，倒有一半送到了肚子裡。」

「哥，你來台北多久了？」尤玉枝問。

「快一年了。」

「你要永遠在台北打工嗎？」尤玉枝凝視著她哥哥憔悴的臉，猶似他是一個久病初癒的人；她那逐漸昇高的關懷，都顯露在這句逼切的問話裡了。

「唉，這一點，我想都沒想過，等人家不要我了，我再回鄉下種菜去。」

這次重逢，與其說是歡愉，毋寧說是悽憾吧。一個既未衣錦回鄉，一個也未在異地發跡。對過去的惱恨，對未來的悵惘，都化成一聲嘆息，流入長街的喧鬧中。總不能在吃食攤邊久待吧，於是尤玉枝便邀她哥哥一同到我們所住的陋巷去坐坐、聊聊。然而，到了住所，我驀地意識到既然他們兄妹兩個要話家常，我怎麼能夠插在他們之間呢？我不是正好趁機去看看小美人嗎？不知道她打電話找我有什麼事？也不知道她會怎樣責怪我的不夠朋友！

當我站在小美人家的門前時，我按電鈴的手又遲疑了好一會。我一定要好好地考慮一下「遷居」的理由。小美人會問：

之茵，你幹嘛從家裡搬出來啊？

因爲，我跟媽、跟馮頌西吵了架。

不，不能這麼說，這簡直往自己的臉上抹黑炭：還見得了人嗎？總得想一個冠冕一點的理由。譬如，小美人問：

之茵，你怎麼住到外面去啦？

因爲，爸去世了，我睹物思人，受不了！

當然，這理由也是實在存在的。家裡盡力想抹掉父親留下來的任何痕跡，我受得了嗎？不過，在外人聽來，卻是另一種意義了。

我走進小美人的屋子裡去時，小美人正穿著粉紅色的娃娃裝在捲頭髮。她神祕地眄了我一眼，把餘下的髮卷丟在沙發上，拉著我的手往臥室裡跑，然後，一半高興、一半責備地說：

「好啊，這回可要請客啦，怎麼連把老朋友也蒙在鼓裡了。這檔子事，雖然不好意思對別人說，對我說說可不要緊吧？」說完，又上上下下地打量我，宛若我是一個要被推出去展覽的人。

她這麼一說、一看，倒把我搞糊塗了。我說：

「小美人，你說話別無頭無緒的，你指的是什麼吶？」

「當然是指沈千甫囉，你別再在我面前裝聾作啞了。你跟沈千甫相愛已經很久，這也是自然的發展；去年是你畢業，現在，是只等他畢業了。你們那小小的巢築在哪兒？」

我沒有想到這件悲痛的事在小美人的想像中竟變得這麼羅曼蒂克！我又急、又惱，脹紅了臉，猛然地搥下她幾下。她反而咯咯地笑了起來，還以爲猜對了。因此，我不得不嚴肅起來，沉重地告訴她：我是跟一個女伴一起住在陋巷裡，因爲自從我父親慘死以後，我住在家裡，睹物思人，受不了。

小美人望著我，忽然，銳利地反詰了我一句：「那末，莫伯母又怎麼在過日子呢！」她的弦外之音，竟然是在譴責我的不近人情了。

我默然久久。我猛悟到，在不知內情的人看來，我已經成了一個不肖的女兒。我除了承受了過重的哀傷之外，還承受了不該屬於我的指摘。然而，在這件事情上，我分辯與不分辯，對我同樣都是恥辱。

小美人見我半天不語，便抱歉地解說，她只是希望我不要過分悲傷罷了。如果我母親能夠堅強地面對現實，我也應該堅強起來才對。我只有唯唯諾諾。然後，我們回到客廳裡去。小美人的母親，像以前一樣，早已在矮桌上擺上蛋糕和冷飲了。

然而，我卻一點兒也吃不下。

小美人的母親看到我比往日清瘦了些，又看看我毫無食慾，便不放心地說：

「之茵，是不是公司裡的工作太忙了？你快要比我家的莉莉還瘦了。在外面做事的人，身體要緊……」

「媽，我猜想你又要勸人吃補藥了。」

小美人的母親慈和地笑著：「又讓你猜著了。眞的，平日吃點多種維他命丸，還會錯嗎？之茵，你說對不對？最近，你可曾到馮頌西的西藥房裡買過藥？」

我竭力抑制昇自內心的那股厭惡情緒，平靜地回答了一句「沒有」。

小美人的母親又像感慨、又像羨慕，繼續說道：

「馮頌西對左右鄰居倒是挺挺和氣的。也眞沒想到，幹他這一行生意的，居然會這麼賺錢！最近，他親口對莉莉的爸爸說，他已經在漢口街買下了一間店面，預備開一家分店，又打算在士林買一幢建坪七、八十坪的花園洋房，可不得了啲！」

小美人忍不住岔了進來：

「做密醫嘛，賺錢還不容易？他掛在店堂裡的那張藥劑師執照，是向別人租來的。我也不明白，那些人怎麼會爲了一些小錢。竟把自己的執照租給別人用？」

小美人的母親大概認爲小美人的嘴太利了，白了她一眼，我則是苦笑著。陡然，我問：

「馮頌西既然離了婚，他孤家寡人一個，還買花園洋房幹嗎？」

小美人的母親呵呵地笑著：「投資嘛，當別墅嘛，或者又想結婚嘛，誰知道，反正有了錢，沒處花！」

我往後一仰，把頭靠在沙發上，閉上眼睛。

第二十章

在鬱熱的暑天裡，陋巷的斗室變得跟洞穴一樣，令人有窒息之感，宛似在這現代化的大都市裡，我們又過起老祖先的原始生活來了。下班回來，因嫌屋內燠悶。我們每人就乾脆挪隻凳子，攜把紙扇子，去巷子裡乘涼。這時，那些同住在陋巷裡的男男女女也都出來了，再夾著一些孩子的追逐嬉戲，顯得十分鬧忙。我平日跟那些人很少碰面，現在見到了，但也止於點頭而已。

尤玉枝的哥哥尤阿財每星期至少來陋巷兩次，但尤玉枝的鬱結，始終像暑熱一樣，消退不下。她躭心她哥哥太實心眼兒，惟恐有一天會受騙、上當，尤其是廁身在良莠不齊的建築工人群中。她認爲他是不該來台北的，大都市對他幫不上一點忙。她一再勸他回鄉，跟妻兒去團聚，她寧可每月把餘下的錢全寄給他，但尤阿財卻硬說他以後會時來運轉，等賺夠了錢，再回家去。因此，兄妹兩個雖然常見面，話卻越來越少了。

那晚，尤阿財又來了，他們兄妹就在斗室裡吵了起來。雖然儘量壓低了聲音，但似乎吵得很兇。不久，尤阿財匆匆走了，我走進去看尤玉枝。她坐在床沿上，頭倚著鐵質的床柱子，正獨自在流淚。

我拉拉她的手臂，勸慰她：

「尤玉枝，其實，你們何必爲這件事吵架呢？他現在不想回鄉下去，等以後想通了，就會走的。」

她用雙手抱住床柱，竟然泣不成聲。待我替她拿來了濕毛巾、讓她抹了一個臉之後，她才稍微平靜了些。

「事情哪有這麼簡單？你想他怎樣——他不肯回去，是因爲他賭輸了錢，欠了一屁股的債，走不掉啦！」

說完，她又流起淚來。燈光煒煒地照著她。大顆大顆的淚珠從她眼裡滾出來，她也不去擦，任憑它們滾落在她的臉上、衣上、裙上。她只望著前面，一副前途茫茫的模樣，似在重溫兩年多前的一個凌晨、她獨個兒站在空曠無人的台北街頭的那副光景。

我驚駭萬分，半晌才問：

「尤玉枝，你哥哥到底輸了多少錢？全輸給哪些人了？」

尤玉枝哽哽咽咽地回答：「除了那些混進去的職業賭徒外，還會是誰呢？他們設好了圈套，專門來騙那班打工的血汗錢。我哥哥輸掉了兩萬多塊。既然欠下了債，他們就不怕他不還。他今天才說出來：好幾個月了，他都沒有寄錢回家去，他把剩下來的每一塊錢都送到流氓的手裡去了。我聽了，氣得罵他是笨牛、獃子，他不但害了自己，還害了嫂嫂、姪兒姪女。

他當然也後悔，卻賭氣說，他的事，用不著我操心，他會拚著命，把賭債還清。說完，他就甩甩手臂，走了。」

那晚，尤玉枝又磨起牙來，軋勒勒、軋勒勒地，聲音尖利而淒厲，把我從睡夢中吵醒過來，我覺得她自己的心也像在齒縫中碾碎了一般。這天以後，尤阿財好久沒有再來陋巷。尤玉枝顯得悒沉而恓惶；有幾天，她甚至整個晚上都不說一句話，只是乘了涼，然後回房去睡覺。而我，又開始爲那已在面前的大學畢業季發愁。沈千甫就要畢業了，這次，我將無可避免地得對他提出的要求——共遊中橫公路——作個明確的答覆。

在T大舉行畢業典禮的前一天，沈伯伯、沈伯母都從岡鎮趕到台北市。沈千甫陪著他們逛街，順便來我們這家百貨公司的廉價部門來看我，我又陪著他們到處走走。他們什麼都不想買，因爲現在正是他們豐收的季節。我買了一支領帶夾送給沈千甫，雖然並不珍貴，但他接受時的欣悅卻是異乎尋常的。他說：「明天，你務必請一天的假，來參加我的畢業典禮啊，順便我們來照幾張相，我們還沒有一起照過相呢！」

那正是我所盼望的，然而明天，也正是我大姊畢業的日子。當我想到馮頌西會陪媽泰然而欣然地坐在家長席上時，我就感到噁心。我只好落後一步，拉著沈千甫，悄悄地告訴他，我還不願把我們繼續交往的祕密洩漏給家人，因爲明天大姊和媽一定在場。

「沈伯母，」我問，「今晚，你去不去我家，跟我媽談談？」

沈伯母瞥了一下沈伯伯，踟躕了一下，才說：「看到你就好了。我們還有點兒事，怕沒有時間去打擾你媽了。她平日總是很忙吧？」

「是的，媽總是閒不下來。」

「聽說，她最近又想買新房子了，有這回事嗎？」

「你們怎麼知道的？」

沈伯母又瞟了沈伯伯一眼，說：「是在我們沒來之前，一個朋友傳來的消息。知道你媽的境況很好，身體很好，我們也就放心了。」說完，久久注視著我的神色；看來，她獲得的消息似已不止是購屋這件事了。

「沈伯母！」

她和善地笑了一笑。

「我實在是不得已，否則我是很高興去參加千甫的畢業典禮的。在某些事情上，我的確有點進退兩難。」

「沒有關係，」她說。「眞的，沒有關係，我們和千甫都不會怪你的。」

這時我才記起中橫之旅。我對沈千甫說：「千甫，關於中橫之旅，我考慮過了……」

沈千甫捏住我的手，低低地說：「之茵，任何事，如果有使你爲難的，請你不要勉強答應。」

我一直送他們到公司門口，沈千甫再次安慰我：「之茵，在我回家之前，我一定會再來看你的。」

我回到樓上的廉價部。此刻，在我看來，廉價部裡的那些衣服似乎也挺不錯。我買了一件粉藍短衫。下班後，想起好久不做頭髮了，所以又上美容院去，然後才回到陋巷裡。尤玉枝不在那兒。房東太太告訴我，她哥哥今晚又來了，他們兩個一起出去吃宵夜了。我禁不住暗暗替她高興，到底是兄妹，吵不開的。她回來的時候，我已經入睡。第二天早上，我喚醒她時，她的枕頭上是一片淚痕。她竟然又哭過了。

「又吵嘴了？」我問。

「比吵嘴更壞。」

「這話怎講？」

「我把事情搞糟了。」

「我還是不明白。」

「他放棄了以前的工作，乾脆去替賭場把風、跑腿啦。他說，這樣，他可以多賺點錢，儘快還清賭債，可以依我的意思，早點回鄉下去。」

「什麼？」我嚷了起來。「你哥哥爲什麼要這樣做？」

「還不是流氓替他出的主意！這不是又上了他們的圈套嗎？我哥哥簡直糊塗透了，自己掉進了泥潭裡，還不知道！昨晚，他興沖沖地來找我，請我去吃宵夜，很得意地告訴我這件事；我聽了，眞是哭笑不得。我怪他不在事前來跟我商量一下；他說，這種事情跟我商量幹嘛？他又不是十幾歲的小孩子。你瞧！」尤玉枝的眼皮有點浮腫。她洗過臉，特地畫了眼線。

我們兩人邊喝牛奶、邊啃那乏味的隔夜麵包。她苦笑著：「等會，我們又得高高興興、漂漂亮亮地去上班了。」

「而且，對著顧客微笑。」我說。

「有一天，我會重新回到鄉下去。」尤玉枝說，「我討厭台北。」

「我也是。」我說。「我也要回到鄉下去。」

「你的沈千甫呢？」

「他的家在鄉下。」

我們擠著公車去上班，然後，我又像往常那樣，站在廉價部裡了。看著成群的顧客毫無目的地挑選復挑選；難道我還得再過兩年像這樣的日子嗎？我突然有種無法忍受的感覺，它要比我以前的任何時間都來得強烈。我竭力設法把這種心理扭轉過來，使自己觀察那些顧客的服式、髮型、談吐，注視那些跟著大人同來的可愛孩子，然而，都沒有用。我清楚；我是已經十分厭倦於這一工作了。

既然這樣，那又爲什麼不答應沈千甫去作一次中横之旅？

即令因此而失去這一工作，也是值得的，因爲一個月收入不到兩千元的工作，應該並不難找。

而且，昨天瞧見沈伯母在談到我母親時的眼色，也使我意識到：我對沈千甫以及他的父母，都不該掩飾得太多。我獲得他們太多的愛心與關懷，我應該以更多的坦誠與爽直去回報他們。慈和善良如沈伯母，或許不但不會怪我遽爾離家的「怪異行徑」，而且還會邀我住到她家裡去；那末，在那個我深愛的小鎮上，我將會在農會、合會或別的機構裡面找個更適合我個性與能力的工作。

我甚至有點兒後悔，後悔我不該不去參加沈千甫的畢業盛典。只要我夠堅強，我是可以抗拒母親的憤懣、大姊的尖刻的諷誚以及馮頌西的不露聲色的狡僞的。現在，想起這個混身上下都像噴過消毒藥水的馮頌西，我竟有進入傳染病房去的那份悚懼。

沈千甫在第二天下午剛送走他的父母後，傍晚就來看我。他告訴我，他拍了一卷彩色照片，正叫相館在沖洗，可惜沒有替我照幾張，我終於忍不住問：

「你們碰見了我媽和大姊沒有？」

「噢，當然碰見了，我們還合照了兩、三張相，沒辦法囉。跟你母親同來的，還有一個男人——」沈千甫沒說下去，只望著我；宛如他說錯了話似的，又宛如他想探察我的反應似的。

我說：「不錯，我早料到他會去的。千甫，這件事，說來話長，現在還是不說吧。那不是最近才開始的，那已很久很久了。我這樣說，心裡很痛苦。千甫，但我看得出，伯父伯母在小鎮上也早已風聞了我媽的一些事情了。」

「或許是的，但他們沒有對我說。他們知道我愛你，惟恐我難受。」

「幾個月前，我已從家裡搬了出來。」我說。「我一直不敢對你說，千甫，我很抱歉；

我一直瞞著你，是因爲當時我認爲你很難瞭解我的心境。」

「之荷昨天也把你在外面租房子的事告訴了我們。我們開始吃了一驚，後來經過細想，也就明白了。你們父女間的感情最深，你受不了這個打擊。」

我喟嘆著。受盡委曲的父親的身影從我眼前昇起，隨又沉落在他所挑選的黑色的死亡裡。他的傷痛同樣烙印在我的心裡。

「謝謝你，千甫，謝謝你說這番話。」

「爲什麼你要謝我？」

「因爲畢竟你是最瞭解我的人。我們沒有爲我賃屋而居發生爭執。你願意去看看我在陋巷裡租住的那間違建嗎？」

沈千甫點點頭。

下班後，我跟沈千甫兩人先去吃了飯，然後逛了一會街，順便買了一些水果，這才搭車去陋巷。那時，整條的巷子都坐滿了被炎熱從屋裡趕出來的人們。他們多半是洗過澡，手中拿著一把紙扇；男的穿著背心、短褲，女的穿著低胸無袖的薄綢睡衣褲。他們在大聲地說話、大聲地笑、大聲地呼喚孩子，熱鬧得猶如低級的娛樂場所。我們在乘涼的人們中間迂迴穿越，然後走到我的斗室裡。

沈千甫終於長長地舒了一口氣。他剛從一個穿著半透明睡袍的胖女人身旁擠過來，似乎心頭尚有餘悸，而我，則趕忙扭開電扇，讓風把斗室的污濁空氣沖淡些。

「之茵，我不得不說，這兒不是一個適合年輕女孩居住的地方。」

「誰說是呢？你以爲我喜歡這兒嗎？」

「我想，我們應該面對問題，好好地談一談。之茵，你看得出，我對你下腳在這種環境裡感到很驚訝，比昨天我聽說你從家裡搬出來更驚訝，但我也很明白，要不是你內心十分痛苦，你是絕對不可能離開家、住到這種地方來的。」

我沒回答。我只爲他跟我自己倒了兩杯冷開水。我啜著我自己的那一杯，聽他說下去。

「我想，你以前也一定去看過一些座落在清靜巷子裡的出租房間，所謂「雅房」，一個月房租就得一千元，你衡量一下，覺得要花掉你大半個月的薪水，太划不來，於是你才選中了這條陋巷。」

我點點頭。他坐在椅上，我仍站在對面，望著他。我一直認爲專啃書本的沈千甫不很老練、不諳世事，現在，我聽他緩緩說來，才知道他是一個十分細謹，很能剖析和推斷事理的人。

「現在，你是跟公司的一個同事住在一起吧？」

「不錯。」

「之茵，有一件事，你沒有想到，如果你在這兒繼續住下去，我會怎樣？」

「你會生我的氣，不跟我來往。」

「不是。我會想起來就心驚肉跳，臨了，不是得心臟病，就是患神經衰弱！」

我笑了起來，但他卻顯得抑鬱而焦灼。他對我的那份愛意已把原該壓在我心上的重擔輕易地移到他的心上。我除了感動，只有歉疚。

「千甫，事情並沒有那麼嚴重。事實上，爲了你，我隨時可以搬家，而且，我也打算隨時辭去現在的這個工作，另找別的。你以前說的是對的，我不適合做百貨公司的店員。」

「你眞的這樣打算？那太好了！」沈千甫跳了起來，用雙臂擁住我。「這樣，問題就迎刃而解了。你可以住到我家去，慢慢地在那兒找個工作。你不是很愛岡鎮嗎？」

「當然，我愛岡鎮，非常地愛岡鎮！」我說著，又開始激動起來。靠在沈千甫的臂彎中，半閉著眼睛，看那記憶中的小木屋，那花木扶疏的小院，那打掃得乾乾淨淨的巷子，那友善親切的鄰居、朋友……還看到許多許多跟父親共處的美好時光。

「我媽會把你當作她自己的女兒的，她一直希望有個像你那樣的女兒。」沈千甫在我耳畔低語。

於是，我們兩人都坐下來，仔細地商討著各種事情；譬如，中横之旅何日起程囉，從這裡直接出發，還是到岡鎮再動身囉；譬如，行前，我該如何向母親說明我的計劃與行止囉；譬如，哪天向公司辭職囉，以及如何處置我的一些物件囉……自然，那些跟了我多年的東西，我得隨身帶到岡鎮去，然而，我卻突然想起了一個問題；縱有沈千甫的保證，但在未經沈伯伯、沈伯母同意之前，我，作爲一個女孩子，帶著幾件行李住到沈家去，是否顯得過分輕率與狼狽？

因此，我向沈千甫建議，爲了恪守他做兒子的分際以及爲了我那微不足道的自尊，他最好先回去一趟；在獲得他父母認爲我的建議之後，我再動身南下。沈千甫認爲我的建議之很合情合理，便興奮得臉兒紅紅地說：

「也好，我先走一趟，說不定我還可以趁這個機會，把你的房間安排一下，甚至，我們還能以最快的速度把你的房間裝潢一下咧！」

我護送沈千甫擠過乘涼的人們所砌成的曲折甬道，來到巷口。抬頭望望，一天繁星，熠熠燦燦。沈千甫說：

「多美，這些星星；以後，我們的日子也會像星星那樣地美！」

第二十一章

現在，我對百貨公司裡的一切，已經毫不憎厭了；因爲只這麼幾天，我就要離它而去。我站在廉價部裡，對那些顧客展露出眞心眞意的微笑，甚至渴望跟他們握握手，道一聲再見——再見，朋友，希望你們幸福，希望你們買回去的每一樣東西，都是價廉物美。

晚上下班，我神采飛揚地跨出公司的大門，尤玉枝跟在我後面，埋怨我走得太快了。我回頭笑笑，說：「在都市裡，我的雙腿快要生銹了；我要試試看，我是不是還能爬山呢！」

「噢，你是想在休息日去陽明山玩？」尤玉枝問。

我回答說，不是，但我沒有說出我不久將去哪裡。這時，我整個的身子就像一片雲彩那樣飄逸。我願意御著那若有若無的風，多走一段路。我不想在慣常搭車的那一站停下來；我越過它，往下一站走去。尤玉枝依然緊跟在我身後，一邊嘀咕：

「莫之茵，你今天簡直有點兒反常，是撿到黃金、鑽石啦？」

我沒理她。走到一處沒有騎樓的人行道上，我站下來，抬頭望望夜空，雖然還未黝黑，但有許多許多等了一個白晝的星星卻已急不及待地冒出來了。

「多美，這些星星，」我竭力模仿著沈千甫昨晚的語氣。「以後，我們的日子也會像星星那樣地美！」

「你說什麼？」尤玉枝聽不清楚我的話。

「我說，以後，我們的日子也會像星星那樣地美！」

「我們的日子？你的跟我……不，我想，是你跟沈千甫的吧？」

「你說對了，尤玉枝，以後，我們不必再夢想去摘星星了，因爲我們自己就是星星。」我格格地笑了起來。

尤玉枝說我高興得簡直有點兒瘋瘋癲癲的。不過，她倒是眞的羨慕我，因爲她自己沒有福氣碰到一件能夠使她得意忘形的事。她說：

「我知道，昨夜沈千甫跟你談了很久。他走後不久，你很早就睡了。看你今天這副神情，你們是快要結婚了吧？」

「咦，你怎麼老是想到結婚呢？在他沒有服完兵役、找到工作之前，我們是絕對不會結婚的。」

「當然，他是一個有理想的人。」尤玉枝不好意思地說。「那末，他該向你求婚了吧？」

「唔，那還差不多。他要我住到他的家裡去。」我開始向前走去，步子跨得非常快捷。

「而且，我們還要去爬山——不是爬陽明山，而是徒步遊覽中橫公路。」

「壯舉！」尤玉枝跟在後面說。

趁上車後，我們兩個沒有再說話。我只是看著這個都市怎樣在暮色中換上了新裝。爲什麼都市本身也像一則謊言呢？它諛媚諂詐，把那麼多的成年的以及未成年的人誘騙到它的身邊來，向它呈獻出勞力、智慧、青春，甚至幸福與尊嚴！而獲得或許只是深夜時分的懊喪、惆悵與憂憤！

下車後，在快到巷口時，尤玉枝陡然拉住我，說：

「莫之茵，那末，你是決定要離開這兒了？」

「我的確已經決定了。大約還有幾天的停留，我想，鄉村的生活比較拙樸而平穩。」我還想說：它不是謊言，它是一則童歌，沒有矯情，沒有虛飾，那麼淳眞而自然。

尤玉枝沉默了一會兒，於是，她要求我先別進屋去，陪她去附近散一會步。

「如果你能去登山，那我爲什麼不能呢？」她走了一段路，說。

「你也想跟我們一起去中横公路？」

「不，不，」尤玉枝笑了起來。「我是說，如果你要回鄉下去生活，爲什麼我不能？我是土生土養的農家女，我哥哥是土生土養的農夫。我們離開了鄉村，就成了蝴蝶的標本，任憑別人的擺佈。這些天來，我一再爲這件事煩惱。你的離開，倒給我指出我該走哪一條路。」

「這樣說來，你也打算離開這兒，向鄉下去！」我欣喜非凡。把尤玉枝單獨留下來，原是我告別陋巷的惟一遺憾，而現在，她也居然能夠跟我同進退了。

「是的，而且想跟哥哥一起回去。」尤玉枝回答。「他的問題只是錢，還清了債，就是自由身啦。因此，我剛才在想，我既然一再希望他儘早回家，怎麼會沒有想到用我手邊的存款，去還清他的賭債呢？這樣，我們兄妹倆可以好好回家，我幫著他去擺個水果攤，生活還是不會太苦的。」

「你是個好妹妹，尤玉枝。」我很爲她的決定感動，並且告訴她，要是她的存款還短少一點兒的話，我也可以爲她湊個數。

我們回到陋巷，洗了澡，尤玉枝便從床上拉出箱子，細細地查看了一下她的存款。她說，依照她哥哥告訴她的數目，那筆存款應該是足夠償還了，但不知道那些黑道人對賭債是不是還要加上什麼利息。這倒是不清楚。長到了二十歲，我們對於這批黑道人物的作風，連邊兒也沒摸到過。現在，我們這兩個涉世未深的年輕女孩，乍然嚴肅起來，正視著，並討論著這個問題。電風扇絮絮聒聒地吹著，斗室裡的空氣永遠像是洗過身體的水，混濁不清。我們兩個，在白閃閃的燈光下，她望著我，我望著她。我們決定先找她的哥哥去，然後叫他陪著我們去跟債主情商。

斗室無人，電風扇的絮聒現在似乎成了鼓勵我們的力量。我這兒之不說尤玉枝，而說我們，乃是因爲在受到尤玉枝爲手足而忘我的犧牲精神的感召之後，不僅我的感情已然投進了這位友人的事件中，而這一事件且已演變成爲我自己的事了。我很難解釋這種心理，但我確實體驗到能爲朋友效力的喜悅與興奮。

「莫之茵，你是決定跟我一起去？」尤玉枝巴巴地望著我。「我哥哥留給我一個地址。

他說，這是不能告訴別人的。」

「職業賭場？」

「可能，不過，他沒有說。我獨個兒是不敢去那兒的。」

「當然。我跟你一起去。」我疾速而斬釘截鐵地回答。

看看腕錶，是九點二十分。這個時候，在這盛夏的夜晚，要到那兒去，也並不嫌晚；何況在心理上，我們也全已準備妥當。一鼓作氣地，我們換上衣服，說走就走。出巷口，搭巴士而搭計程車，不消一刻鐘，我們就在一個街口下了車。望望斜對面的一條巷子，窄窄的、暗暗的，彷彿是條死巷，兩旁是幾幢陳舊的二樓建築，窗帘低垂，一副各戶自掃門前雪的冷漠神態。

「暗巷子裡，可能躱著打手。」我站在路邊揣測著。「說不定，什麼時候竄出兩三個漢子來。」

「你意思是說，我哥哥可能是打手？」尤玉枝說，「這不太可能。我哥哥一向不喜歡打架。」

「我不是說你哥哥，我是說，別些人，那些以打架爲業的人。」

「我哥哥只是替他們跑跑腿的，」尤玉枝憂心忡忡地。「光只幹這個差使，就已使我受不了啦。」

「因爲我們都是正經人。」我說，「你哥哥的主要任務，可能是替他們把風報信。譬如說，看到警察來了……」

「我想不透他們怎會選中他。他一點也不靈活，土頭土腦的。」

「可能正是利用他的老實相，這樣才不會惹人起疑。」我不耐煩地用腳尖踢踢路面的石子。「我們反正得試試看。如果你哥哥是把風的，那末，第一個注意到我們的應該就是他。」

我們一前一後，很快地就穿過這條並不熱鬧的街道。拉拉衣領，壯著膽子，查看門牌，這時，右首住家的一扇玻璃門猝地啓了開來，走出來的赫然就是尤阿財！

「玉枝，你來這兒幹什麼？」尤阿財問，語氣和臉色都十分不高興。

「當然是來找你囉！」尤玉枝說。

「我告訴過你，不是有大事的話，不要來找我，這兒不是什麼好玩的地方！」簡直是聲色俱厲了。

「就是因爲有大事才來的，想替你還清賭債吶，瞧你這副兇巴巴的樣子，簡直是狗咬呂洞賓，不識好人心嘛！」

尤阿財抓住妹妹的胳臂，囁嚅著，半天說不出話來。還是尤玉枝告訴他們我們先要跟他的老闆談一談，他才記起把我們引進那屋子裡去。那是一個寬敞的客廳，雅緻的沙發，精巧的壁架，牆上掛著一副對聯，椅邊擺著一盆萬年青；純然是個高尚的家庭。怎麼僞裝得這麼好呢？一個像是家庭主婦的中年婦人出來替我們倒了茶。尤阿財就在這時去裡面打了電話，出來時，居然笑容滿面地：

「電話打通了，黃老闆剛有空，馬上就會來這兒。」搓搓手，在客廳裡來回走了幾趟，又是緊張，又是惶恐，又是喜悅，然後，走近尤玉枝，認眞地叮囑她：「等會兒，跟黃老闆說話時，得小心啊，別惹惱了他呵！」

尤玉枝點點頭，兩手緊抓住皮包。我們全都陷在忐忑不安中。幸而不久，門開了，一個精力充沛、而且顯得十分謹敏機警的中年漢子走了進來。尤阿財誠惶誠恐地喊了一聲「黃老闆」，把我們介紹給他。那中年男人略略點點頭，把手一伸，客氣著：

「坐，坐，兩位請坐！尤小姐，莫小姐，只爲了一點點小事情，今晚要你們兩位來看我，眞不敢當。」他坐下來，喝著尤阿財爲他倒的茶。「其實，阿財在我這兒當差，倒是很輕鬆的。」

「黃老闆，我也知道你待我哥哥不錯，實在是，我嫂嫂和姪兒姪女都在鄉下等他，所以，我考慮再三，還是希望他回去。至於他欠下的債……」

「哦，」黃老闆不在乎地一擺手。「那筆小小的兩三萬塊錢的債，又何必這麼鄭重其事的！可惜也不是欠我的，要不，我早把它一筆勾銷了。」說完後，打了一聲哈哈。

尤玉枝沉著地、再度婉和地說：

「謝謝你，黃老闆，既然我哥哥欠下了債，我們總得設法還清。幾年來，我積下了一些錢，大概剛夠給我哥哥還債。」

黃老闆笑著說：「尤小姐，你眞是個有心人，既然你已這麼決定，那我也不便再留你哥哥了。這筆款子，雖然是我朋友的，但我還可以代他作點主張：兩萬二千塊，就把零頭去掉，算兩萬整數好了。」

「我們今天沒把現款帶來，明天晚上來付好不好？」

「沒關係，我是從來不爲難人的。你明晚七點半帶著現款來這兒，我也把你哥哥的借據帶來，當著大家的面，把它燒掉。這樣，你總放心了吧？」

我們原就沒有料到他竟如此「大方」、乾脆，倒楞了一會。尤阿財更是楞得傻傻的。他一再向黃老闆道謝，對方拍拍他的肩膀，居然跟他稱兄道弟起來：

「阿財哥，你也別說客氣話啦。你是八字好、運氣好，有個好妹妹爲你出力出錢。你以後回家賺大錢、發大財，可別忘了請我大嚼一頓啊！」

事情就這麼順利地談妥了，我們十分欣慰地站起身子，黃老闆問我們住在那兒，當我們把地址告訴他以後，他猛地在大腿上拍了一巴掌，呵呵地笑了起來：

「啊呀，你們瞧，眞是太巧了吧，我剛才就是想叫尤阿財跑一趟的，我想送一條洋煙給表哥，他就住在你們那條巷子裡，跟你們只差六號門牌。現在，省得尤阿財跑腿，就請你們順便把它帶給我表哥蔡金土，好不好？」

這時，我才注意到黃老闆進來的時候，隨身的確帶著一件東西，長方型的一條，用報紙包著、膠帶貼著、又用尼龍繩子牢牢紮著。他拎著繩端，幌了幌，「如果你們覺得不方便的話……」

我們回話並沒有什麼不方便。我從黃老闆手中把那包東西接過來，也同樣地幌了幌。他鄭重地叮囑著：「別在車上給丟了啊，是我答應過給他的。他是煙鬼，看到洋煙就會笑。別丟了啊！」慇懃地送我們到門口，又像一個主人似地硬塞了兩張十元鈔票到尤玉枝的手裡：「時間太晚了，你們還是乘計程車回去。轉過街口，就有車子。今天太麻煩你們兩位小姐了，以後再謝吧。東西就託你們代帶。倘若他不在家，就暫時放在你們那裡，明天不必帶回來。」

我們乘著車子，回到陋巷。兩個人相視而笑。事情圓滿解決，我們倒爲這次冒險不夠緊張、刺激而微感失望。別說沒有見到賭場的影兒，連那個黃老闆到底是不是老大，也沒搞清楚。照理說，他是應該戴黑眼鏡的，長相猙獰兇狠，說話蠻不講理的，然而他卻竟然不是這一類型。難道眞是尤玉枝的誠懇感動了他？還有，那幢房子是不是就是他們的前哨站？

這些都是謎，好在事情已經解決，不想也罷。我們又拿著那條洋煙走出來，去找黃老闆的表哥蔡金土。巷子裡，乘涼的人，已經沒有剛才那麼多；有一部份要在第二天上午去工作的人，都提前回屋去睡了。不過，我們還是很容易地問到了蔡金土的住處；只是他最近去了南部，大約再過兩三天才會回來。

我們還是拎著那條洋煙，幌呀幌的走回來，然後把它放在塑膠布的衣櫥裡，安安心心地上床去。

尤玉枝躺在上舖上，說：

「莫之茵，我跟哥哥回家以後，你要先寫信給我啊！」

「好的。」

「你也要來我家看我啊！」

「爲什麼你不去看我呢？」

「因爲我比你忙啊。」

過了一會，我又說：「尤玉枝，明天，你的事情辦完了，後天，我們兩個就可以一起去向公司當局辦理辭職的手續。」

但她沒有回答，因爲她已睡著了。

第二天，一下班，我們就趕到那個地方去。尤玉枝用兩萬塊現款換得了她哥哥的自由。我們看著那張借據著火燃燒；火舌慢慢地舔遍了它，最後，它變成了一片起皺的黑灰，飄落在光滑的磨石子地上。尤阿財走過去，用他穿著膠鞋的腳一再地踩踏，把它踩得碎碎的，彷彿踩碎一個困住他的網罟，或者是在踩碎他那幽黯無光的過去。

我們跟黃老闆分手之前，他又週到地塞了二十元給尤玉枝，作爲計程車費，並且關照我們，如果蔡金土在我們離開台北之前還未回來的話，不妨把那條洋煙暫時存放在我們的房東那兒。然後，我們走了出來，我們跟尤阿財三個甚至還去看了一場通俗的笑料電影，痛痛快快地笑了一個夠。尤阿財住進一家廉價的旅館裡，我們回到陋巷，開始忙著整理衣物。

然而，就在凌晨二點左右，警察卻來突擊檢查了。他們帶走了兩條洋煙，並且逮捕了我和尤玉枝。我們怎麼也沒料到，撕開那張包的整整齊齊的報紙，那十包洋煙中，竟有兩個裡面裝著毒品！而且，從警察的口中，我們還得悉，有一、兩個鐘頭之前，他們已經破獲了黃老闆——黃吉福所開的那家職業賭場兼毒品轉運站。

在拘留所裡，我被隔離開來，並且一再被訊問：

「你叫什麼名字？」

「莫之茵。」

「你今年幾歲？」

「二十歲。」

……………………

「你爲什麼不住在家裡，卻住到陋巷去？」

「我父親去世之後，我跟母親相處得不好。」

「你是私立××中學夜間部畢業的？」

「是的。」

「你是不是一直不知上進、不肯用功？」

「不是。」

「你是因爲錢不夠用，才替黃吉福工作的？」

「不是，我沒有替他工作。我只是陪尤玉枝去找她哥哥尤阿財。她把尤阿財欠下的賭債還給了黃吉福。」

「那條洋煙是你跟尤玉枝帶回來的？」

「是的，黃吉福托我們帶給他的表哥的。」

「你知不知道蔡金土並不是黃吉福的表哥，他是黃吉福的同夥，也是販毒的。」

「我不知道。」

「對於這件案子，我們已經暗中偵查、追緝了好多時日；是不是因爲風聲緊了，黃吉福才叫你們偷偷地把毒品帶出來，藏在房間裡？」

「我不知道他是什麼打算。我們把洋煙帶回來時，也不是偷偷摸摸的。」

「你可知道販毒和運送毒品都是犯法的？」

「我沒有販賣毒品，也沒有運送毒品。我們並沒有替他們工作。」

「但毒品是在你們房間裡找到的。」

「我們只知道它是洋煙，不知道它是毒品。而且因爲蔡金土不在家裡，我們就暫時把它放在房間裡。我們完全是被利用了。」

販毒是件大案子，辦案人員是不敢稍有疏忽的。我們很快就被移送到地方法院的看守所裡。我又一次一次被訊問；轉來轉去的都是老問題。我不知道我會不會被判刑。我對未來不抱任何希望。我只想在夜晚能從那高高的窗口眺望夜空上的幾顆星星。

然而，在台北，高樓太多，我看不到夜空和星星。

那天上午，法警把我叫出來，說有人來探望我。於是，隔著玻璃窗，我看到了很久沒有見面的田談書校長。我大聲地喊道：

「田伯伯，田伯伯！」邊喊著，邊流下淚來。

「之茵，我今天在報上看到了這件事，趕著來看你。」

「我是無辜的！我是無辜的！我是無辜的！」我驟然失去了控制，揑緊拳頭，瘋狂地叫嚷起來。

田伯伯拍拍玻璃窗，要我靜下來，安慰我說：「之茵，我相信你是無辜的，了解你的人也都相信你是無辜的。」

我依然哭喊著：「但他們卻不相信我，他們一遍又一遍地訊問我，他們根本不相信我所說的是眞話。」

「不是不相信，他們只想查個水落石出。之茵，你要耐心等待。」

我擦去了淚，勉強讓自己平靜下來。我說：

「但是，田伯伯，沈千甫呢？他愛我，好心地要我住到他家裡去。現在，他看到了報上的消息，又會怎樣想呢？他是不是還會愛我呢？」

田伯伯一臉的慈和，一腔的愛心，他說：

「之茵，我雖然不認識沈千甫，但我想，如果他愛你、了解你的話，他一定會相信你的。之茵，你要有耐心，或許，明天、後天，他就會來看你了。之茵，你要靜靜等待，只要哪一天你能交保，我就會來辦保釋你的手續。」

「田伯伯，你眞好。爸早跟我說過了，世界上很少有像你這麼好的人。」

「唉，自從你爸去世以後，我少了一個知己，而且，我也沒有再到你家去過。你也許還不知道，根據今天報上的報導，這個販毒集團的幕後主持人，居然是開藥房的馮頌西——他當然也被捕了。」

我沒有答話。我十分冷靜，卻又感到全身無力。我宛如一個經歷了一場戰火的人，站在傾圮的家的瓦礫堆上。

一九七四年（民國六十三年）十月完稿

附錄

沉默的天堂鳥——童真

司馬中原

遠在十年前，我就從港臺各地的刊物上，經常讀到童眞的作品，最先從作品上認識了童眞。她的作品一向都有著特殊的風格，可以明顯看出她嚴肅的創作精神，因此我就在心裏想著有這樣一位朋友。

後來香港有位朋友寫信給我，提到過，在當代的文壇上，童眞的作品是相當有份量的。同時，在海外的一些雜誌上，我所撰稿的地方，童眞也在撰稿。這位朋友告訴我，童眞居住在南部的橋頭鎭，我卻一點也不知道。因爲在所有的文藝性集會上，很少見到她。

除了作品外，她的沉默是出乎尋常的，可以說很少參加文藝性的集會，當時由於潛沉於創作的關係，我所接觸的文壇上的朋友也非常少，在我所認識的朋友裏面都不認識童眞。又過了好幾年，我讀到童眞的作品愈多，對她的敬仰也愈深了。

五年前，文協南部分會，開年會的時候，我曾到會去找她，年會是在大貝湖開的。風和日麗的晴朗天，我們坐在湖心一個招待所裏談天。當時我就問一位朋友：

「哪位是童眞？」

「那位女士就是童眞。」那個朋友就笑指著我的對面說：

我發現當時童眞女士也正朝我微笑著。我立刻上前去告訴她，我對她的仰慕，她說著同樣的話，同時介紹了她的先生——對翻譯和理論都有很深造詣的陳森先生。他們夫婦都有著溫和有禮，誠懇熱情的氣質，使我非常傾慕。

在荒僻的南部地區，寫文章的朋友不多，在作品上互相切磋的朋友更少了。他們那時候住在橋頭鎭台糖宿舍區，距我的住處鳳山並不遠，所以我們有很多互相往還的機會。當時我寫作的環境差，不但孩子多，而且經濟窘困。童眞女士的寫作環境則非常的理想。他們寫作環境理想，也並不是在經濟上的，而是在於家庭的和睦和互諒互助，陳森兄很能夠爲太太安排舒適的寫作環境。他一直不求聞達，所以他們夫婦在時間上沒有一般社會上那樣的衝突。他們的時間都是用在閱讀，談心和創作上。

他們的居所前後都有很大的庭院，卻長滿了亂蓬蓬的荒草，在我個人總覺得這些庭園太荒蕪了。

「有那麼大的庭院，不去整理，實在太可惜，假如我有時間的話，倒很願意來你們這兒當園丁。」我說。

「我們不是不感到荒蕪，而是沒有時間用在整理庭園上。」童眞笑著說。

「那麼你們忙些什麼呢？」

「陪你這樣的客人談天，我覺得比整理花木重要得多。」童眞又笑說。

童眞是個最忠於藝術創作的人。她的聲音是從沈默中發出來的，也就是說她的作品就是她思想的聲音。

慢慢我發現，我愛上了他們家的客廳，愛上了他們住處安謐、寧靜的氣氛，以及她那一群活潑潑的寶寶們。當我能抽出閒暇時，總是在傍晚搭車去他們那兒，享受她的好菜和醇酒，清清靜靜談著些文學上的問題，也交換了很多創作上的意見。很多年來，眞正能夠使我感覺到從談話中受益的也就是同他們夫婦在一起了。

由於創作的風格和見解的相同，使我非常留戀他們那個地方。一個有月亮的夜晚，我們曾從客廳談到餐廳，從餐廳再談回客廳。告別時，他們夫妻送我到糖廠的招待所，我們在明朗的秋月下，在扶疏的花木叢中，忘其所以的一直談到深夜。離開時，才發現火車和汽車都沒有了，我看看錶已經到了深夜一點鐘，我又忘了帶車錢，衹帶著一身的興奮和愉快，就這樣踏著月光走了將近二十多公里的路，直到天亮，才回到家裏去。

童眞不但寫得一手好的文章，在家庭中更是個好妻子，好母親。她對於子女的教育同照顧都是那樣的溫柔、慈祥。具有深厚的愛心。

文壇上的朋友大半知道他們夫婦是以好客聞名的。踏進她家的門眞如到了蒙古，衹要「有朋自遠方來」，夫妻兩個就會放下筆來，忙得團團轉，甚至丟開工作，用很長的時間陪著朋友聊天。

童眞的一手菜是跟著名廚師學來的，您踏進她家，都有大啖的機會。他們離開南部遷到中部，我遷來北部也離開南部。彼此天南地北，相隔很遠，雖然涎垂三尺，久欲去潭子盤桓，但也抽不出時間來了。

有些朋友寫過介紹童眞的文章，把她比作袖珍美人，也有的過份誇張地說她體重僅有三十多公斤，但那祇是遊戲文章而已，童眞雖是小巧型的，也不至於眞的能作「掌上舞」罷。他們夫妻對朋友雖是非常的敦厚、誠懇、熱情，但他們實在是有著嚴肅的一面，對於人生的忠實，對於作品的不斷尋求的態度最使人敬佩。

童眞從事創作，已有十多年的歷史了，十多年來除了勤勉創作之外，她從沒爲自己呼喊和標榜過什麼。如果說童眞是一隻鳥，那麼她該是隻沈默的天堂鳥，她只在作品裏面發出清脆悅耳的鳴叫，決不像一些麻雀，總是吱吱喳喳地洋洋自得。早先，好像曾有人說過一個笑話：說作家王爾德，編劇上演，觀衆非常稀少，有些人就問他：

「你的戲情形如何？」

「戲是非常成功，但是觀衆卻失敗了。」王爾德說。

要是把這個笑話引用在童眞的作品上，正是同樣情形。

童眞不是個多產的作家，她每天大部份的時間沈浸在創作裏面，，所出版的也不過是薄薄的幾本書。從她「古香爐」「黑煙」到「愛情道上」到「爬塔者」，「霧中的足跡」、「彩色的臉」，以及最近所寫的「車轔轔」同「夏日的笑」這幾部創作，我們可以看出她的作品在不斷的進步，我個人總是在想：一個作家最難得的就是能夠不斷地否定自己以往的成就，朝更高處去攀越，如果不是這樣，光是一部又一部地出產同樣作品的話，那就是一個文匠了，也就是說沒有不斷的引昇，那些作家失去了創作的原始動力，也就是殭化，停頓的訊號。在這方面，溫柔而纖巧的童真是無比嚴肅，無比堅韌的。

假如以單純的商業價值去看，童真的幾本書可以說是毫無商業價值的，大部份的讀者都不能夠接受她的作品，在這方面，童真可以說是有些兒寂寞。但，我想不但是童真，任何一個有深度的作家，都有著耿介的性格，不會去迎合大衆的口味。事實上，她忍受得住這種寂寞，從來沒有把這種寂寞掛在心上，她心裏所想的祇是讓寂寞幫助她，使的作品，在寂寞中悄悄生長，使它發出更深厚、更悅耳的聲音。

雖然我們不常相聚，但我總有一種奇怪的情感，就是當我在思想，在寫作的時候，我們的精神、我們的思想都會在一束燈的圓光下相遇相契。我想，這些眞純的友情，對於童眞是很重要的，像現在遠在美國的聶華苓，像我們這些在臺北的朋友，隨時都在記掛著她，記掛著她的創作，這種彼此間無聲、無形的鼓舞與激勵，對於彼此都有很大的幫助。不管是我個人，或是童眞，或者是其他的朋友，每有新書出版的時候，一定要先寄給對方，並且誠意地接受對方的批評。這些批評的嚴格，會嚴格到出乎意外的程度，我個人有很多作品，都接受過童眞所給我的意見。

在創作上，童眞的立足點站得非常的穩。她對於文學的認知也是非常的深。她的作品從不在皮相上求新，而是在實質上、深度上、表達上，求精、求深、求新。所以她的作品，無論站在傳統的，或是現代的角度上去看，都是夠穩實的。她的生命經歷，比起一般作家並沒有什麼特殊的地方，她早年在浙東鄉土上的生活，算是東方閨閣的生活。後來雖然經歷過民族整體的離亂，但是她並沒有實際地接觸那些廣泛的各階層的生活。從少女到主婦，她的生活面廣度和深度都嫌不夠，由於她創作的心意堅韌，因而她作品的表達面盡量地拓廣，同時她能夠兼持熱愛，不斷地吸取生活知識，溶入她的生活，再發而爲文。

我個人覺得對於時代生活的認識，實在是創作最重要的基礎，因爲我們單有概念是不夠的。童眞也深深明瞭這點，最可貴的是，她在作品中處處流露著她對整個民族人群生活的關心和那種純粹的母性之愛。童眞雖然在這方面使人稱讚，但是，我覺得文學作品除了內容同取材，表達的深度也佔著很重要的部份。這一部份正是童眞和我們共同追求著的。

生活在當代的作者群，在創作生活中感覺到最痛苦的就是藝術與生活的雙重重擔，同時落在一個人的雙肩上面，顧慮到現實的生活，就妨害到藝術的精度，顧慮到藝術的精度，就會使現實生活的壓力加倍深重。童眞雖有著家庭，有著這麼多子女，爲他們的教育與求學要分去不少心血，同時一個女作家，無論她的家境怎樣，總是有很多瑣碎的家務去待她親自的操心料理。由於陳森兄很能爲她安排，使她能夠長久保持著一個安定的，不爲柴米焦愁的理想寫作環境，所以她在生活顧慮上應該是比較少。也正由於這樣，這些年來，她作品的進步是飛躍的。在「霧中的足跡」、「車轔轔」這兩部長篇裏，她所表露的技巧使我自愧不如，我相信她這一部長篇近作——「夏日的笑」，一定會有更好的表達，使我去領會，去學習。

自他們遷居到中部潭子鄉後，我們差不多也有將近四年的時間沒見面了。我對於他們夫婦的懷念，好像懷念著遠去美國的聶華苓大姊一樣。在夜晚，我常會面對著攤開的稿紙，任思緒像游絲般的遠行，從回憶當中去想念他們。

憶及在大貝湖初次同他們夫婦見面的景況，以及我在他家非常靜雅的客廳裏所閒談的問題，眼前便會浮起她的影子，她從作品的拓展中把她帶領著走出了閨閣，走向了這一個廣大的社會。但是她的人還是保有著東方的閨秀風格，高雅的氣質和溫文的談吐。在她的話語裏面可以揀拾到很多靈明的透徹的觀念，在在地給我啓發。也許中國古語說得對「一瓶不響，半瓶叮噹」。我想他們夫婦所以能夠固守沈默的原因，也許是他們認識文學這條道路是非常的遙遠，非常的艱難罷？等於我們在爬山一樣，除了懷著某種怔服什麼的心情，含蓄虛心地朝上爬外，那裏還有餘閒去眩示自己呢？我們想征服什麼，結果總是被山征服了。擁抱文學也正這樣，我們總是想不斷地攀援，不斷地引昇，不斷地去征服，但是最後我們還是被文學征服了。

我不敢說，童眞目前的作品，達到了如何如何高的水準，至少，她這種耐得寂寞和在寂寞當中不斷追求的精神，給我太多的鼓舞。

童眞的身體不太紮實，由於過份勤勉創作的關係，有一度時間幾乎患上了肺病，但是後來她寫信說：她的病已經慢慢地轉好了。更由於她常常夜晚伏案爲文，以致她的腰部常有酸疼的現象。一般的東方人由於營養，生活同體格的關係，創作年齡都比西方人要短，同時中國的文字，不像西方拼字母的那種方式，可以坐下來就打字，必須要一筆一筆地澆著心血寫在稿紙上，所費的功夫也比較大，我們希望童眞在創作之餘，還是要避免過份的操榮，同時盡量地注重身體的保養，使得她能夠有那樣的精神，那樣的體力支撐著，使她創作年齡有一般比較長久的時間。這樣她才能夠有充份的精力，去完成她龐大的創作的構想，使得那些構想，都變成一部部擲地有聲的作品，給我們這座荒涼的文壇帶來更多清新的、悅目的聲音。這就是我個人恒在祝福著並且盼望著的。

童眞，這隻沈默的天堂鳥，她仍會在以後的很多作品裏發出她的鳴唱，我懇切地希望很多青年朋友們能夠進入她的作品，細心地去體會，去體會到一個精心創造的藝術品同贋品之間不同，同目前粗製濫造的那些所謂「閨閣派的小說」完全不同；我覺得世界上最好聽的聲音就是思想的聲音，這種聲音，在童眞的作品裏面是充份流露著的，就好像我幼時讀著張愛玲的作品一樣，也許童眞沒有張愛玲那樣高的才華，但是她比張愛玲更有耐心，她在不斷地鍛鍊著她的功力，有一天，她的功力自會補足她才華的不足；在文學藝術越來越蓬勃發展的今天，一些比較精煉的藝術作品，應該逐漸被廣大的讀者群所喜愛，童眞的寂寞不會太久了。

鄉下女作家童真

夏祖麗

鄉下人總是要比城裏人早起的。住在彰化溪州西螺大橋邊的女作家童眞就是一個早起的人。二十多年來，她早已習慣了在早晨五點半就起床了。起床後總是先整理那一百五十坪大院子，她在那裏種植了十幾種果樹、三十幾種花草；在每一季氣候沒有明顯變化以前，那些屬於這個季節的花草果樹都已經盛開了。她家的春天總比別人家的先來到。

童眞很喜歡一個人靜靜地觀察那些花草。她認爲它們在早上看起來有早上的色調，晚上又有晚上的光采。一枝花草從盛開到凋謝就像喜怒哀樂的人生一樣。

早上，弄完了早飯，送走了丈夫和兒女去上班、上學後，她就提著菜籃去買菜。鄉下的青菜便宜又新鮮，都是農婦們挑著自己種的菜去賣。她總喜歡多撿幾種菜買回家，吃起來特別清香好吃。

每天買完菜回家時，都要經過一大片草坪。雖然家就在眼前，但每次仍忍不住要在誘人的綠坪上休息一下。這一大片地原是台灣糖業公司的糖廠，後來拆掉了，就種了許多樹木、花草，整理成一個公園。

她每天煮飯、燒菜的時候，也就是她構想小說的時候。她說，那時，她的手在忙，心裏卻有空，就把平時看到或聽到的一些人物和事情拿出來想，把它編成一個故事。一邊燒菜，一邊想，也使枯燥漫長的廚房生活變得有趣而短暫。也許有人會想她大概常會把菜燒焦了吧！不然，多年來的主婦生活已經把她訓練得一走進廚房就輕巧俐落起來了。

一個小說故事構想好了，她又會在廚房裏思考用怎樣的人物來表現這個故事的主題和思想。故事中的主角和主要配角出來了，她才開始寫。寫好了，再修改。她的小說都很合情合理，讀者很容易接受。

她不喜歡寫大綱。她的第一本長篇小說「愛情道上」是先寫大綱，然後再寫成的，她自己不很滿意。後來她就不寫大綱了。

童眞是不習慣坐在書桌前構思的。每當她坐在書桌之後，就開始寫。她是一個愛乾淨的人，家裏的地板總是刷洗得很乾淨，窗戶擦得光亮，她的書桌卻是亂得不得了。桌上是什麼東西都有，有稿紙、有東歪西倒的墨水瓶、藥罐、有廢棄的痱子粉罐，這塊見不得人的地方卻是她的小天地。每當她搬一次家，她就把桌上的那些亂七八糟的東西都丟掉，把書桌好好地整理一番，但是沒有多久又恢復了亂七八糟樣子了。別人看來越是亂，她卻越覺得有秩序，這似乎也是許多作家的毛病之一。

每天下午是她一個人的天下。她喜歡先小睡片刻，起來後靜靜地坐在客廳看書，有時看倦了，她就到院子裏或公園裏去散散步，那裏有許多參天的大樹，有時她可以在那兒坐上半天。這種享受是她這幾年才有的，從前，因爲孩子小，她就沒有這份清閑，現在，兩個大兒子和一個女兒都離開家到外地去唸大學，小兒子也是整天在學校裏。

晚上八點到十一點是童眞寫作的時間。她寫稿子從不熬夜，也不抽煙或喝茶，只是要絕對的靜。鄉居的生活倒很能滿足她的這種習慣，因爲鄉下人沒有什麼娛樂，大家都睡得很早，不到十點鐘已經是寂靜無聲了。這使她能安心寫作，也是她一直到現在寫得很勤的原因之一。

她的丈夫陳森在台灣糖業公司工作，也經常翻譯英美小說和文藝理論的文章。二十多年來，童眞一直隨著丈夫住在台糖公司的宿舍裏，從花蓮光復、高雄橋頭、臺中潭子到現在的彰化溪州，一直沒有在大都市裏住過。

鄉居的生活使得她很少與外面的人接觸。也許是這個緣故，她到現在仍說一口寧波話。她自己常開玩笑地說：「我的寧波話說得太好了，所以國語說不好。」有時，她的「阿拉寧波」話一出口，就連她的兒女都不太聽得懂呢！

語言上的隔閡也許就是她不善交際的原因之一，遇到生人就會有些木訥。如果你和她靜靜地、慢慢地聊，你又會發覺她是個很會聊天的人。她的那口硬綳綳的寧波官話倒也相當吸引人。

童眞本人給人非常「鄉下」的感覺，她描寫起都市來卻什分道地，寫盡了都市百態，她是一個很善於描寫都市生活、都市人的作家。

她說：「我難得到臺北去一次，每去一次對都市生活的改變都特別敏感，我想這也許是我自己隔了一個距離去看都市，反而比生活在都市裏的人感受得深。」

「我喜歡都市生活的某一部分，比如聽音樂會、看話劇、看畫展；但是我更喜歡鄉下的生活，也許我已經是鄉下人了。」

常看童眞的小說會發覺她也很善於描寫人物，她把人物刻劃得很深入透徹。問到她是怎樣去構思一個人物的？她說，小說中的人物是虛構的，卻要很細心地去揣摩，想像某種性格的人會穿什麼樣的衣服，會說出怎樣的話？然後很自然地把這個人物發展下去，能讓人覺得他們是在日常生活中常會見到這種人。她認爲人物是小說中最重要的部分，一個人的家庭背景會影響到他的心理，心理又會影響到他的性格行爲，描寫一個人物時，要把各方面都寫出來，這個人才會立體化。小說中的人物總要比普通人特別一點，如把普通人寫進小說去，總要把他化妝一下。

她的生活圈子有限，她寫作的題材卻很廣。她是怎麼樣去發掘題材的呢？她說：「嗯！一個小說家能寫出這麼多種不同的人物、不同的生活，倒並不一定非要去親身經歷；他可用自己敏銳的感觸、廣博的同情心、豐富的想像力和哲學的基礎來把主題深刻化，用有力的故事深深地打動人心。

「當然，如果描寫自己熟悉的生活或人物會更眞實，更成功些。我的『夏日的笑』有幾章是描寫監獄的生活，『寂寞街頭』，有幾章是描寫工廠的生活，我曾多次到監獄和工廠裏去參觀。小說家的感觸總是要比一般人敏銳的，有時，一件事情在表面上看起來很平淡，卻有它的不平凡之處，這也就是小說的題材。」

說到這裏，她好像想起了一件事，就笑了起來說：「我的腦子常常會胡思亂想，有時我在炒菜時忽然會想到客廳裡的傢俱擺設該換換了，等我的先生回來了，我就把這意見告訴他，但我的那些突如其來的想法往往會被他否決掉。我認爲我這種喜歡東想西想的毛病有時對寫作卻是有益的。我覺得豐富的想像力是一個小說家絕不可少的。」

曾經看過童眞寫的一個短篇小說「僅有的快樂時光」，文中是描述一個得了癌症去醫院求診的老人的故事，她把醫院的氣氛和老人的心情都抓得牢牢的，讓人讀後非常感動，問她在怎樣一個情況下寫成這篇文章的，她說：「有一年，我右手的兩隻手指有點小毛病，不能寫字，就常到醫院去照鈷六十。我在醫院裏遇到了一個得了癌症的鄉下老人，他知道他自己快死了，卻對生死看得很淡，他那種表情和那種對人生的看法給了我很深的感觸，我就以他爲主角，寫了那篇『僅有的快樂時光』，後來，很多人都告訴我他們喜歡這篇文章。你說我把醫院的氣氛和老人的心情捕捉得很成功，我想主要是那件事情留給了我很深的印象。」

童眞覺得短篇小說比長篇小說更能表現不同的形式，寫過長篇後，寫短篇是一種調劑。她覺得寫長篇很苦，前面寫得好，後面也要好，不然，前面就等於浪費了。她寫作時也常會遇到困難，她不怕難，卻喜歡難，她覺得越是困難處，也越能表現技巧，也就是最能拿出一點東西來。

目前，童眞已經出版了六本長篇小說、五本中篇小說、四本短篇小說集。她的作品在結構和形式上都很新，她認爲藝術貴在多變，如果老寫某一種形式的小說，就會讓讀者覺得枯燥，她寫作時總是儘量嘗試各種形式。她希望變新，但絕不勉強自己去變，或變得離譜。她說：「福克納曾經說過『人不要超越別人，要超越自己』，我希望自己能夠做到這一點，那我在寫作上就會更進一層了。」

女作家童真

鍾麗慧

有人說，婚姻是女人生命的分水嶺。女作家童眞女士的寫作生命就是開始於婚後，因爲她的另一半陳森，是位翻譯家，經常翻譯英美小說和文學評論文章。更重要是陳先生認爲她是「一塊『可琢之玉』」。

夫婿知其爲「可琢之玉」

童眞曾寫過：「現在想來，我是大大地上了他的當，以致二十年來（時爲民國六十年）我苦苦追求，熬夜來捕捉那個飄忽的夢——像在春三月的田間捕捉那隻翩飛的七彩粉蝶。」其實，她已捕捉了七彩粉蝶，擁有五本短篇小說集、五部中篇小說、七部長篇小說的創作成果。

童眞如同大多數的作家，先從散文著手，爾後才從事小說創作。民國四十年開始寫短篇小說，當時她隨任職臺灣糖業公司的夫婿住在花蓮縣光復鄉。自幼孱弱的她總是寫寫病病，或是邊寫邊病。

四十四年底，以「最後的慰藉」這個短篇小說，獲得香港「祖國週刊」徵文的「李白金像獎」。這個獎鼓勵她更勤奮地創作。

四十五年，舉家遷往高雄橋頭，她「在搖滿鳳凰木綠影」的小書房裏寫下很多短篇、中篇。

四十七年五月，由高雄大業書店出版第一本短篇小說集「古香爐」，收有十四個短篇小說：「古香爐」、「最後的慰藉」、「春回」……等等。作者在後記裏說：「有幾篇著重於心理嬗變過程的剖解；有幾篇著重於人物的刻畫；有幾篇著重於闡釋小小的眞理。主題是以發揚人性爲基點，而以發揮人性、追求人性光明爲終點。」

在此同時，臺北自由中國社也出版了她的第一本中篇小說集「翠鳥湖」。

四十九年八月，由臺北明華書局出版第二本短篇小說集「黑煙」，收有「黑煙」、「熄滅了的星火」、「穿過荒野的女人」等十四篇。

司馬中原曾說：「嚴格起來，『黑煙』只是童眞試煉作品的綜合。那一時期，作者自知她龐大的創造野心與其內在經驗世界的周極不成比例，形成過重的荷負、過巨的精神壓力；但她仍像一隻蜘蛛，在風暴中綴網。

「她初期的短篇作品，恆以其理想的生存境界爲中心，欲圖構建成一圈圈縱橫柔密的閃光的環繞。她精神的質點與作品的價值，全建立在內發的眞誠上。她創作的道路，不是單一的直線，而是一面綜錯的網。

「以『黑煙』言……她已經把她思想的觸角探入煙雲疊壓的歷史，探入熙攘喧呶的大千世界，雖未直入中心，亦已觸及邊緣。

「在早期，童眞的短篇作品就顯示出現代感覺和淡淡的現代色彩了。『黑煙』所收各篇，就氣韻說，是清麗典雅的。」

民國五十一年，完成第一部長篇小說「愛情道上」，於民國五十二年六月，由高雄大業書店出版。

童眞自述：「很多人的第一部長篇彷彿都有自己的影子在，而我卻沒有……。但它卻帶給我一個好處：寫了它，就使我有膽量寫第二部。」

這第一部長篇小說，是她先寫好大綱，再依大綱慢慢寫成的，她自己不很滿意。此後，她就不寫小說大綱了。構思完成，確定所要表達的主題、幾個主角的性格和職業，以及幾十個字能夠說完的故事，就動筆了。

司馬中原說：「『愛情道上』一書，童眞取其最熟悉的浙東小鎭——章鎭爲背景，那兒是她安度童年的家鄉，也是她早期經驗世界的中心，人物活動其間，實應充滿色彩濃郁的鄉土風情。」

民國五十一年是童眞豐收的一年，除了在「中華日報副刊」連載「愛情道上」外，一口氣在香港出版了四本中篇小說集——「黛綠的季節」（友聯書報雜誌社）、「相思溪畔」（環球圖書雜誌社）、「懸崖邊的女人」（鶴鳴書業公司），和「紅與綠」（虹霓出版公司）。

民國五十二年十一月，由臺北復興書局出版第三本短篇小說集「爬塔者」，收有的十九篇是「爬塔者」、「溪畔」、「眼鏡」、「花瓶」……等。

小說如東方的錦繡

五十三年，童眞又搬家了，仍搬到小鎭上——臺中潭子。在這個新家她著手寫第二部長篇小說「霧中的足跡」，以自流井爲背景。

「霧中的足跡」頗獲司馬中原的青睞，他前後讀了九遍才撰寫評論。司馬中原認爲：「『霧中的足跡』是童眞極爲堅實的產品，一幅精緻的東方的錦繡；她自其經驗世界的深微處作小角度的切入，托現出一些已逝時代中常見的眞實人物。像揹負著男性傳統優越感而又渴求眞實愛情的文岳青，企圖以本身勇氣摒除傳統囿限、追求理想愛情的林範英，叛逆社會不合理壓力、顯彰獨立自我的江易治，接受新教育薰陶、感受新舊觀念衝突、而實際身受其痛的林範強，純情而天眞、涉世不深的許舒英，質樸不文的長春和小梅……她把這眞實人物放置在自流井產鹽地這樣眞實的背景上，任他們按照各自本身的意識去決定他們自己的命運和歸宿。

「這樣嶄新的手法運用於長篇作品，是一項空前的嘗試，因它破除了傳統的『架構』方法。『霧中的足跡』不是刻繪愛情的『故事』，而是那一時代人生的顯形。在書中，童眞隱退了，她既非旁述者，亦非代言人；她唯一繪出的，就是她所親歷的時空背景，她把那些眞實人物，融在那樣的背景當中。『霧中的足跡』所表達的愛情悲劇，不是出諸童眞的臆想，而是出諸時代的壓力；不是出諸外在的行爲，而是出諸內在的意識；不是限於悲劇的主人，而是所有那一時代人物的無告的沈愴。」

童眞自己也說：「我寫『霧中的足跡』的動機，無非是想抓住那個時代的情景、人物、思想、衣飾……給那個時代留下一角剪影而已。」

在創作「霧中的足跡」的同時，童眞也寫了不少短篇小說，於民國五十四年八月，由臺中光啓出版社出版「彩色的臉」一書，收有「彩色的臉」、「風與沙」、「一個乾燥無雨的下午」、「黑夜的影子」等十二篇。

司馬中原曾說：「『彩色的臉』一書，使童眞獲得極高的評價，被譽爲成功的現代作家，這評價正是她初期碰索的結果。」

其實，在那一時期她還有許多短篇小說作品發表，直到民國六十三年七月才結集成書──「樓外樓」，由臺北華欣文化事業中心出版，共收有「樓外樓」、「純是煙灰」、「僅有的快樂時光」、「夜晚的訪客」等十一篇。

其中「樓外樓」是她最喜歡的作品。她說：「我常喜歡把好幾層涵義同時編織到一個短篇裏，乍看是這樣，但底下卻可能還有一些。……『樓外樓』，『表面』只是一個人爲了愛妻去追求一座新樓，而最後卻寧可爲了獲得新樓而把妻子拱手讓人，但『底下』卻是把追求新樓作爲追求理想的象徵；一個人，幾經挫折，追求的雖仍是那個目標，但本質卻已改變。

人生的悲哀就在這裏。至於物慾與情慾的無法滿足以及兩個同業因機遇的不同而『昇』、『降』有殊，則只是另一些涵義而已。」

另外，「純是煙灰」是侯健教授頗感偏愛的小說，他說：「它揉合了悲天憫人，在不動聲色的斂抑裏，渲染出濃重的感傷色彩。故事是民國三十八年大動亂的餘波。周少勃和玉茹，是亂離中共患難的一對，卻因爲少勃的傳統——不忍說是舊——道德的束縛，不敢乘人之危，錯把愛情認做自私，以致自誤誤人。少勃的錯誤婚姻，從自敘與烘托兩種方式裏逐漸透露。方法仍是斂抑的——比較狄更斯處理孝女耐兒之死或『紅樓夢』及『花月痕』裏面，黛玉和韋痴珠之死，和海明威的『戰地春夢』中凱西之死，就可以了解這種方式的特質。『我』和少勃，都是舊了的人，大約也可以說是小人物，他們有濃厚道德執著，卻也有持久不變的感情——友情和愛情。題目的『純是煙灰』大約是人生一切的最終譬喻。『昨夜有風』始，『今夜沒有星辰』應當是『昨夜星辰昨夜風』和『如此星辰非昨夜』的綜合。前者是李商隱，『此情可待成追憶』的李商隱；後者是黃仲則，落拓潦倒的文人。這一切是人生的諷刺？……而對小人物所遭遇的自我衝突，價值與行爲上的衝突，表現得餘意盎然，而其人性是美麗的。」

女作家林海音則喜歡「僅有的快樂時光」一篇。「僅有的快樂時光」寫的是患癌症的老人，在醫院遇到同病相憐的老人，後來兩人結伴同遊，共享僅有的快樂時光，小說中另穿插小孫女的理想和願望，代表充滿希望的年輕生命。

童真說：「這篇主要寫老年人不畏怯死亡，以及兒女忙碌，同病相憐的老人結伴同遊，追求晚年的快樂時光。」

很多文友或讀者都讚美她把醫院的氣氛和老人的心情捕捉得很成功。她說：「有一年，我右手的兩隻手指有點小毛病，不能寫字，就常到醫院去照鈷六十。我在醫院裏遇到了一個得了癌症的鄉下老人，他知道他自己快死了，卻對生死看得很淡，他的那種表情和那種對人生的看法給了我很深的感觸，後來，我就以他爲主角，寫了那篇『僅有的快樂時光』。我想主要是那件事留給了我很深的印象。」

直到今天，童眞仍自信這篇短篇把老人的心理揣摩得很仔細。

五十六年元月，光啓出版社又出版了她的十八萬字的長篇小說「車轔轔」，她從五十四年新春執筆，到第二年三月才完成，五月開始在「新生報副刊」連載。

「車轔轔」中有三位女主角：白丹、紀蘭、史小曼。白丹是個善良、單純的好女孩，但不知道自己追求的是什麼；紀蘭是最有理想的一個，不顧一切阻力追尋她的理想，她喜歡戲劇，是個熱心的贊助者；史小曼則談不上理想，但懂得抓住機會追求物質享受。

童眞述說創作「車轔轔」動機：「那時，因爲有感於文壇的捧『角』之風甚盛，文藝眞僞不分，也少價值觀，我雖出身商業世家，總認爲在商固可言商，在文卻也只能言文，這觸發我構思一部以描繪這一代的迷惘、慾求、堅韌與職責爲主題的長篇，於是，我就開始撰寫『車轔轔』。『車轔轔』對那一期間的藝文界有批判，也有建議；據我所知，當時似乎還沒有一部作品這麼犀利地指向那一方面的。」

五十八年二月，高雄長城出版社出版了她的第四部長篇小說「夏日的笑」，文長達四十四萬字。這部小說自五十五年六月動筆，至五十六年六月才完稿。她說：「寫作經年，無日或息，熬白了半頭黑髮。」足見其嘔心瀝血之苦。

「夏日的笑」甫出版不久，「現代學苑」雜誌的「書刊評介」欄，由老松執筆說：「在幾乎分不出『文藝』與『言情』的現今文藝創作裏，這是一本值得推薦的文藝小說。內容以一個平實而健康愛情故事爲主幹，並以三種不同的愛情方式去陪襯它，場面十分熱鬧。」

同年五月，臺北立志出版社出版了童眞的第五部長篇小說「寂寞街頭」。她曾爲了書中有幾章描寫工廠的生活，多次前往工廠參觀。這部二十八萬字的長篇小說，著手於五十六年十月，至五十七年十月完稿。她說：「該文前半部寫於臺中潭子，完成於彰化溪州。西晒的房間，夏日苦熱，整天以電扇助涼，卻因此患上了風濕痛。」

儘管病痛纏身，體重總維持四十來公斤，她仍寫作不輟。

五十九年九月，臺北立志出版社出了她的第六部長篇小說「寒江雪」，二十八萬字。意寓人生在追求目標的過程中，得失無常，禍福難料。

六十三年十月，她又完成第七部長篇小說「離家的女孩」，十六萬字，曾在「中華日報副刊」連載，尚未出版。

寫了十一部小說

數一數童眞女士筆耕二十餘年的成績，共創作了五本短篇小說集、五本中篇小說集、七部長篇小說。

六十六年，她再搬回臺中潭子定居，因爲健康情況不佳，而不再從事心力交瘁的小說創作了。她說：「現在儘有時間欣賞別人的作品了。」

對於自己的小說作品，童眞自剖說：「不光是寫故事。寫小說不是寫故事，我寫的是人物、我的見解、我的人生觀……但不明白地說出來，讓讀者自己去細細地讀，慢慢地體會。」至於寫作的態度，她說：「我專心專意地寫，不爲名利。因此今天，再回頭看我小說，我完全沒有後悔。」

她的好友司馬中原稱她爲「沈默的天堂鳥」，司馬中原說：「童眞從事創作，除了勤勉創作之外，她從沒爲自己呼喊和標榜過什麼。如果說童眞是一隻鳥，那麼她該是隻沈默的天堂鳥，她只在作品裏發出清脆悅耳的鳴叫，絕不像一些麻雀，總是吱吱喳喳地洋洋自得。」

又因三十多年來，她總住在鄉間小鎭——花蓮光復、高雄橋頭、臺中潭子、彰化溪州，直到現在定居臺中潭子，而且她又很少參加文藝界聚會，因此，又被夏祖麗封爲「鄉下女作家」。

這位民國十七年出生於浙江商業世家的女作家，在結婚前從未有當作家的志願，她回憶當年說：「入學而後，我最突出的功課不是國文而是數學，因此，我在日後攻會計的姊姊的勸導下，遠豎在前方的標牌上，寫的也是工程師，而非寫作家。」後來，她自覺身體不適於工程鉅任，面臨抉擇的關鍵，卻遇到她的業餘翻譯家丈夫，她憶述：「當時，陳森是以才子型的姿態出現的，他能寫論文，能譯小說，但卻理智得不會寫小說。不會的，總是最好的，他就把這個無法實現的理想建築在我這個瘦女人的身上，認爲我是一塊『可琢之玉』……」

幸虧有陳森先生這位掘玉礦的人，否則，文壇將失去一塊璞玉。

一九八五年四月（民國七十四年四月）

一個具有三種年齡的女人

陳森

說她像個女孩子也好，說她像個中年的黃臉婆也對，甚至說她像個老婦人也沒有什麼不是；反正，在我看來，她是兼具三種年齡的女人。

他的父母給了他一個很有筆名味兒的姓、名——童眞。有時，我想，或許，正因爲這個姓名，促使從小學開始，數學成績一直遙駕其他各科成績之上的她從事於耍筆桿的活兒。她有一顆不怕上當、何妨糊塗的心，有雙能夠數清大樹高處葉子的年輕眼睛，有在熟人面前毫不克制的笑聲，當她在家裏跟孩子們一道歡笑時，外人很難分辨出那笑聲裏還摻雜著一個屬於孩子的母親的。那時，她就很像一個女孩子。但她瘦弱，時常鬧些小病，感冒發熱，腰酸背痛，這時，她就臉也不洗，頭也不梳，懶拖拖地一邊做事，一邊埋怨我不會替她買菜、燒飯，孩子們不會幫她洗衣掃地，那種嘮叨勁兒以及憔悴模樣，就像一個令人厭煩的黃臉婆。而近五、六年來，她接連寫了五個長篇，把一頭烏髮寫成花白，再配上一身暗色的衣著，從背後望去，幾次被人認爲是老太太。然而，在某個冬日，她竟能覆上頭巾，頂著冷風，興致勃勃地趕去看她那個寄宿中市，就讀高三的大兒子；後來，兒子回家說，同學們硬說那天去看他的是他的大姊！

童真作品目錄

書名	類別	出版者	出版年月
①翠鳥湖	中篇小說	自由中國社	民國47年
②古香爐	短篇小說集	大業書店	民國47年
③黑煙	短篇小說集	明華書局	民國49年
④黛綠的季節	中篇小說	香港友聯公司	民國51年
⑤相思溪畔	中篇小說	香港環球出版社	民國51年
⑥懸崖邊的女人	中篇小說	香港鶴鳴書業公司	民國51年
⑦紅與綠	中篇小說	香港霓虹出版社	民國51年
⑧愛情道上	長篇小說	大業書店	民國52年
⑨爬塔者	短篇小說集	復興書局	民國52年
⑩霧中的足跡	長篇小說	長城出版社	民國54年
⑪彩色的臉	短篇小說集	光啓出版社	民國54年

⑫車轔轔	長篇小說	光啓出版社	民國56年
⑬夏日的笑	長篇小說	長城出版社	民國58年
⑭寂寞街頭	長篇小說	立志出版社	民國58年
⑮寒江雪	長篇小說	立志出版社	民國59年
⑯樓外樓	短篇小說集	華欣文化中心	民國63年
⑰離家的女孩	長篇小說		

童真作品評論索引

篇名	作者	期刊名	刊期	時間	頁次
①童眞女士的兩本書：「翠鳥湖」、「古香爐」	王鼎鈞	自由青年	19卷10期	47年5月	頁10~11
②論童眞（階段評論）	司馬中原	台灣新生報		55年7月5日~6日	7版
③沉默的天堂鳥	司馬中原	幼獅文藝		55年9月	
④車轔轔	老松	現代學苑	4卷7期	56年7月	頁42
⑤夏日的笑	老松	現代學苑	6卷5期	58年5月	頁40~41
⑥鄉下女作家童眞	夏祖麗	婦女雜誌	45期	61年6月	頁40~41
⑦「樓外樓」讀後	張茲棟	中華文藝	8卷4期	63年12月	頁100~102
⑧「鄉下女作家」童眞	鐘麗慧	文藝月刊	190期	74年4月	頁13~20
⑨車轔轔兼論小說的故事	詹悟	台灣日報		73年9月2日	